由中共苏州市委党校资助

Peak Carbon and Carbon Neutrality

“双碳”目标下企业绿色创新动机及效果研究

屠鹃 著

WUHAN UNIVERSITY PRESS
武汉大学出版社

图书在版编目(CIP)数据

“双碳”目标下企业绿色创新动机及效果研究 / 屠鹃著. -- 武汉 : 武汉大学出版社,2025.8. -- ISBN 978-7-307-25151-9

Ⅰ. F279.23

中国国家版本馆 CIP 数据核字第 202514W36E 号

责任编辑:范绪泉　　责任校对:鄢春梅　　版式设计:马　佳

出版发行: **武汉大学出版社** (430072 武昌 珞珈山)

(电子邮箱: cbs22@whu.edu.cn 网址: www.wdp.com.cn)

印刷:湖北云景数字印刷有限公司

开本:720×1000 1/16 印张:13.25 字数:210 千字 插页:1

版次:2025 年 8 月第 1 版 2025 年 8 月第 1 次印刷

ISBN 978-7-307-25151-9 定价:68.00 元

前言

在环境问题日趋严重的现实情况下，绿色创新越来越被学界认为是有效解决环境问题、助力实现高质量发展和绿色发展的重要途径。作为主要的环境污染者，企业更是需要通过不断的绿色创新来缓解环境污染并获得竞争优势，以此来保持企业的可持续发展。然而，不少研究表明我国企业绿色创新活动存在明显不足，这是因为企业在开展绿色创新活动时往往会面临高风险、高投入、高难度等种种挑战。那么为何仍有一些企业开展了绿色创新活动呢？这可能是因为这些企业有足够的动机去开展绿色创新活动，强烈的动机促使企业愿意为实现绿色创新而克服重重困难。因此，有必要识别企业绿色创新的动机，了解企业因何会采取绿色创新，从而为激励企业积极开展绿色创新活动提供新的思路。另外，企业一旦采取绿色创新必然期望能获得良好的效果。因此，研究企业绿色创新活动的结果表现有助于进一步了解绿色创新动机所引发的绿色创新行为是否具有可持续性，也能从侧面反映绿色创新动机的有效性。当前，尽管已有很多研究探索了各类因素对企业绿色创新的影响，但是很少有研究关注企业绿色创新的动机，并将企业绿色创新的结果整合起来进行研究。已有关于绿色创新动机的研究也大多集中于理论探讨，缺乏对绿色创新动机模型开展有效性和普遍性的实证检验。此外，鲜有关于不同情境因素在企业绿色创新动机与行为、绿色创新行为与结果之间的影响的研究。

基于当前的事实和现状，本书在系统梳理绿色创新文献的基础上，首先，构建了我国企业绿色创新的动机理论模型，主要涵盖了合法性动机、经济动机、生态责任动机和政治动机。其中合法性动机包含了被动的适应合法性动机和主动的战略合法性动机，经济动机包含了竞争力动机和寻利动机，政治动机包含了国有企业的政治晋升动机和民营企业的政治关联动机。其次，本书解析了企业绿色创新行为对企业经济绩效和声誉的影响。最后，本书进一步探索了可能造成绿色创新动机的差异性以及绿色创新结果表现的差异性的情境因素，以期能够更加全面理解企业的绿色创新。

在实证方面，本书以2010—2018年我国上市制造业企业为样本，识别并检验了我国企业绿色创新的动机、企业绿色创新行为在经济绩效和企业声誉方面的表现，以及不同情境因素在“绿色创新动机—绿色创新行为”“绿色创新行为—经济绩效和声誉”之间的影响。研究发现：(1)我国企业绿色创新的动机理论模型基本得到了验证，合法性动机、经济动机、生态责任动机以及政治动机是我国企业绿色创新的主要动机。其中，合法性动机包含了被动的适应合法性动机和主动的战略合法性动机，经济动机有竞争力动机和寻利动机。政治动机主要表现为国有企业的政治晋升动机，民营企业的政治关联动机并不明显。(2)企业的绿色创新活动能够在经济绩效和声誉方面发挥良好的促进效应。在经济绩效方面，企业绿色创新对资本报酬率和销售收入增长率有显著的正向影响。在企业声誉方面，企业绿色创新对声誉也有一定的提升作用。相比之下，企业绿色创新对经济绩效的提升作用比对声誉的提升作用更为直接和显著。(3)在生命周期、内部激励、企业规模、环境法规、污染程度和地域差异六种不同情境因素下，企业的绿色创新动机与结果表现存在不同程度的差异。而且绿色创新的动机并非总是能同时诱发企业各类绿色创新，而是在不同情境条件下具有一定的偏向性，这种偏向性在绿色创新的结果表现中也有存在。具体地，企业绿色创新动机转化在不同情境条件下的差异表现为：随着企业处于不同的生命周期阶段，企业的各类绿色创新动机呈现出不同的强弱程度，创新的难度也随之有所调整。内部激励强化了企业的适应合法性动机和寻利动机对绿色创新的促进作用，弱化了企业战略合法性动机的影响，对其他绿色创新动机的转化则无显著影响。不同规模企业的绿色创新动机差异主要体现在战略合法性动机、寻利动机、生态责任动机和国有企业的政治晋升动机，这些动机基本上在大型企业中才显著存在。新《环保法》(指2015年生效的新修订的《中华人民共和国环境保护法》，后同)的实施强化了战略合法性动机向绿色创新行为的转化，但是弱化了生态责任动机。企业的高污染程度弱化了企业的适应合法性动机，转而可能强化了企业的战略合法性动机，同时，相比于低污染程度的企业，高污染的企业具有更强的竞争力动机和更弱的生态责任动机。企业绿色创新动机还呈现明显的地区差异，由于东部地区经济发展的天然优势，东部地区的企业绿色创新动机普遍较强，其他地区尤其是东北地区的企业绿色创新动机普遍较弱。企业绿色创新行为的结果在不同情境条件下的差异表现为：不同生命周期下的企业绿色创新的结果差异主要体现在声誉方面，绿色创新能够显著促进处于成长期企业的声誉。内部激励强化了绿色创新对销售收入增长率的促进作用。不同的企业规模下，企业绿色创新在企业经济绩效方面都有明显的促进作用；除小规模企业外，企业的绿色创新行为均能显著促进企业的声誉。新《环保法》的实施虽然对企业绿色创新行为的结果表现无显著影响，但负向的系数一定程度上说明了严格的环境法规抑制了企业绿色创新在资本报酬率和声誉方面的促进作用。污染程度的差异并不会显著影响企业绿色创新对经济绩效和声誉的影响。不同地域下企业的绿色创新行为对资本报酬率和销售收入增长率的促进作用在东部地区较为明显，对声誉的促进作用则在西部地区较为明显。

本书可能的创新之处主要包括以下三点：第一，通过扩展 Bansal & Roth (2000)的生态响应模型，构建了中国企业绿色创新动机理论模型，从主动和被动视角细化了合法性动机和经济动机，并基于我国企业制度背景提出了政治动机，运用我国上市制造业企业数据对所构建的理论模型进行了实证检验，为了解企业绿色创新的原动力提供了新的思路以及理论和实证依据。第二，通过剖析企业绿色创新对经济绩效和声誉的影响，丰富了绿色创新与企业竞争优势关系的研究，同时从侧面进一步验证了企业绿色创新动机的有效性。第三，本书通过研究不同的情境(如环境法规强度和企业内部激励等)下企业绿色创新动机与结果的差异性，完善了绿色创新前因结果的理论外延，为了解企业绿色创新动机影响绿色创新以及绿色创新影响企业绩效和声誉的边界条件做出了补充。

目　录

图 目 录

表目录

第一章　引　　言

1.1　研究背景和问题

环境问题已成为世界各国共同面临的一个重要问题，一直束缚着企业以及经济社会的发展（Tseng et al.，2013）。为应对日益严峻的环境问题，各国政府致力于通过加强环境法律法规等监管措施、制定相关的环境规制政策等干预手段来进行污染治理和减排。在我国，环境保护作为一项基本国策受到了党和政府高度重视。近年来，《中华人民共和国宪法》《中华人民共和国环境保护法》和《中华人民共和国环境保护税法》等法律法规修订，排污权交易、生态补偿、绿色信贷、绿色保险、绿色证券和碳排放权等环境经济政策试点启动。2020 年，我国提出要在 2030 年前实现"碳达峰"并在 2060 年前实现"碳中和"的"双碳"目标，更是对世界作出的庄严承诺。可见，我国生态环境保护被提升到了新的高度，而生态环境的高水平保护正是推动绿色发展迈上新高度的重要途径。此外，社会组织、投资者、消费者和其他利益相关者也日渐注重环境保护，越来越关注企业的环保行为，如投资者会以有无环保行为或环境绩效作为企业的重要评估指标（Schaltegger et al.，2019），甚至要求企业减少污染物的排放（Soewarno et al.，2019）并提高资源使用效率（Bundgaard et al.，2017）等；消费者倾向于选择绿色环保产品（Horbach et al.，2012；He et al.，2019）；采取环保行为的竞争对手也会对不愿承担生态责任的企业造成压力（Hofer et al.，2012；Rui & Lu，2020）。这些严格的环境法律法规政策和巨大的外界压力塑造了新的竞争格局（Porter & van der Linde，1995；Chen et al.，2012），促使企业不得不正视环境保护的重要性。"双碳"目标的提出更是让企业面临着愈发严格的环保审查、环境信息披露和绿色转型等要求。

在此背景下，企业应该采取什么行动来改善环境、提高资源使用效率以克服外界压力并取得可持续的竞争优势是亟待解决的问题。众多研究表明，以绿色发展为目标的绿色创新可以在一定程度上帮助企业改善环境污染和能源消耗，并帮助企业实现可持续发展(Hart，1995；Ziegler et al.，2008；Lannelongue et al.，2014；张兆国，等，2020)。纵然绿色创新是环境保护技术领域的核心，然而，绿色创新对于大多数企业来说是一种全新、复杂、高难度和高风险的创新，企业往往缺乏足够的创新资源、能力和经验来进行绿色创新(Zhang & Zhu，2019；解学梅，等，2020)。更关键的是，绿色创新所具有的双重外部性特征导致企业无法独享绿色创新的效益，企业因而更缺乏动力去开展绿色创新活动(Horbach et al.，2012)。大量的数据也表明我国企业绿色创新活动明显不足。《中国绿色专利统计报告(2014—2017 年)》①显示，我国绿色专利申请主体以国内高校和大型央企(如中石化、中石油)为主，企业的绿色创新活动明显不如高校和大型央企。同时，齐绍洲等(2018)、王晓祺等(2020)以及李青原和肖泽华(2020)在其研究样本中都发现样本企业绿色创新(根据绿色专利数据进行测量)水平差异大，且至少超过 1/2 的样本企业没有开展绿色创新活动。基于当前的事实和现状，识别企业开展绿色创新的动机显得尤为重要，有利于从根本上理解企业为何会采取或者不采取绿色创新。这是因为动机是实现一定目标而采取行为的起源，是激发和维持行为的内在动力，要想激励企业积极开展绿色创新活动就必须要先了解企业绿色创新的动机并提高企业对绿色创新关键前因要素的管理意识。

那么企业绿色创新的动机到底是什么呢？纵观已有研究，大量研究主要关注影响企业绿色创新的外部因素，包括环境规制、利益相关者压力、市场需求等因素(Porter & van der Linde，1995；Brunnermeier & Cohen，2003；Horbach et al.，2012；Chen et al.，2012；Berrone et al.，2013；李青原和肖泽华，2020)。然而，上述研究都倾向于由内而外的视角探讨企业为何会开展绿色创新活动，忽略了从企业自身视角出发来探索企业绿色创新动机会如何激发企业的绿色创新行为。相比于可能存在的外在影响因素，企业绿色创新动机是从企业自身出发，能够从根

① 国家知识产权局 2018 年发布。

本上激发企业开展绿色创新行为以达到或完成某一目标的更强大、更具影响力的内在动力(Chen，1996；Shu et al.，2020)。

较早关于企业绿色创新动机的文献应属Bansal & Roth(2000)，其勾画了企业生态响应模型的基本框架，认为竞争力、合法性和生态责任(道德)是企业采取生态响应行为的三大动机，这为后续研究者探讨绿色创新的动机提供了基础(Bansal，2005；Gadenne et al.，2009；Lannelongue et al.，2014)。之后，部分学者通过实证分析基本验证了这些动机，如环境组织合法性、经济竞争力、环境道德或生态责任能够驱使企业进行绿色创新(Chen et al.，2006；Chang，2011；Lin et al.，2011；Guo et al.，2020)。但是，这些研究大多仅检验了单一动机的存在性，关于绿色创新动机整体框架的经验证据仍非常有限，动机的普遍性也尚未得到进一步的检验。此外，由于绿色创新的双重外部性，企业最初并非自发地进行绿色创新，而是为了适应政策法规等合法性要求而被动地进行绿色创新。随着企业的不断发展，许多新近的绿色创新可能已不再纯粹出于适应合法性要求，还包含了战略性的或非预期的创新(Kemp & Pearson，2007；Schiederig et al.，2012；解学梅和朱琪玮，2021a)，此时，企业的绿色创新行为可能是出于战略变化(如战略合法性)、生态伦理道德等方面的原因。然而，当前关于这类企业主动式的绿色创新动机研究还很少。因此，本书的第一个研究问题是：Bansal & Roth(2000)提出的竞争力、合法性和生态责任三大动机在我国企业中是否存在？处于转型经济背景下的我国企业是否还存在其他潜在的绿色创新动机(如政治动机)？这些动机中除了有被动式的防御动机之外，是否还存在战略主动式的动机？

企业必然期望动机所引发的绿色创新行为能够为其带来良好的效果，而良好的效果既反映了企业所采取的绿色创新行为的可取性，也侧面反映了绿色创新动机的有效性。因此，关于绿色创新研究的另一个值得关注的议题是绿色创新能否为企业实现良好的效果，例如经济绩效。一方面，传统观点认为企业绿色创新活动会增加企业的治污成本、研发投入和风险，挤出企业对于核心领域的投入，进而抑制企业绩效的增长以及竞争优势的获取(Walley & Whitehead，1994；Palmer et al.，1995)。另一方面，以Porter和Hart为代表的学者则认为绿色创新活动既可以通过提高资源利用率、生产效率来获得成本优势，也可以通过降低产品整个生命周期的成本来获得市场领先优势，进而提升企业的经济绩效(Porter & van der Linde, 1995; Hart, 1995)。事实上，有关绿色创新对企业绩效的实证研究目前并未得到一致的结果。大多数学者发现绿色创新会显著提升企业绩效(Guo et al., 2020; Qiu et al., 2020; 解学梅，等，2020; 解学梅和朱琪玮，2021a)；然而，也有部分学者发现绿色创新并不会显著影响企业绩效(李怡娜和叶飞，2014)，甚至可能造成负面影响(Wong et al., 2012)。尽管已有大量文献基于波特假说探讨了绿色创新与企业经济绩效的关系，但是很少研究绿色创新对企业声誉的影响。在媒体舆论影响力不断增强的信息化时代，企业的声誉对于其获得顾客的信赖、占领市场份额、提升竞争力都有着举足轻重的影响(Chen, 2008a; Liao, 2018; 解学梅和朱琪玮，2021b)。相比企业有形的经济绩效，企业无形的声誉更能反映社会对企业综合情况的认可程度。缺乏评估企业绿色创新对企业经济绩效和声誉的影响，可能导致难以全面衡量绿色创新对企业竞争优势的影响。基于此，本书的第二个研究问题是，绿色创新是否会影响企业在绩效和声誉方面的表现。

此外，由于动机本身具有多重性和复杂性等特征，企业绿色创新动机的产生既不是单纯来源于企业特征和欲望，如追求利润最大化，也不是单纯来源于外界刺激，而是企业特征和其所处的特定情境交互作用产生的(Bansal & Roth, 2000)。因此，在快速变化和激烈竞争的环境中，绿色创新动机向绿色创新行为的转化可能会受到内部资源、外部环境等特定情境的影响，不同的情境因素可能造成绿色创新动机的差异性(Bansal & Roth, 2000; 于海云，等，2015)。同样地，不同的情境也可能会影响绿色创新在企业经济绩效和声誉上的效果。尽管随着研究的深入，情境因素的影响已成为众多学者的关注点，其中，企业规模、行业、制度发展和环境政策等(Aguilera-Caracuel & Ortiz-de-Mandojana, 2013; Hojnik & Ruzzier, 2016; Tang et al., 2020; Qi et al., 2020)被认为是较为重要的情境因素。但是，鲜有研究分析情境因素会如何促进或阻碍企业绿色创新动机向绿色创新行为的转化以及情境因素在绿色创新的结果表现中的作用。因此，本书的第三个研究问题是：在不同情境因素下，企业的绿色创新动机向绿色创新行为的转化是否存在差异？企业绿色创新行为最终带来的效果是否会有所不同？

为回答上述问题，本书首先围绕企业绿色创新动机，在已有研究的基础上进一步拓展并构建了我国企业绿色创新动机的理论模型，将企业绿色创新动机分为合法性动机、经济动机、生态责任动机和政治动机，并进一步将合法性动机细分为适应合法性动机和战略合法性动机，经济动机细分为竞争力动机和寻利动机，政治动机细分为国有企业的政治晋升动机和民营企业的政治关联动机。其次，采用2010—2018年我国上市制造业企业数据，从实证角度来识别和检验绿色创新动机在我国企业中的存在性。再次，探讨并检验了企业绿色创新能否为企业带来良好的绩效和声誉。最后，探讨了情境因素在企业绿色创新动机和行为、绿色创新行为与结果之间的影响，以期进一步了解企业绿色创新动机和结果在不同情境条件下的差异性。

1.2 研究意义

基于当前的研究现状和现实背景，本书围绕企业绿色创新，结合我国制度背景，分析我国企业绿色创新动机与结果具有的重要理论意义和现实意义。

1. 理论意义

第一，现有关于企业绿色创新动机的研究还不够充分，大多数研究停留在对单一动机的关注上，缺少对企业绿色创新动机框架的完整分析。本书结合制度理论、组织理论、资源基础观和高管激励理论等，构建了一个基于我国背景的企业绿色创新动机的理论框架，在Bansal & Roth(2000)提出的三大动机基础上，根据我国的制度背景和企业特征等加入了政治动机，并将合法性动机、经济动机和政治动机进一步细化和分类，丰富和深化了企业绿色创新动机的理论研究。

第二，大多数关于企业绿色创新动机的研究忽略了动机的差异性和绿色创新行为效果的差异性。将企业置于不同的情境中，比如，当处于不同发展阶段、不同内部激励、不同程度的环境法规等条件下，企业的绿色创新动机和行为效果可能会发生变化。本书通过检验生命周期、内部激励、企业规模、环境法规、污染程度和地域等不同的企业内部特征和外部环境因素在“绿色创新动机—绿色创新行为”和“绿色创新行为—绿色创新结果表现”路径中的影响，拓展了企业绿色创新动机理论研究的边界，完善了绿色创新前因后果的理论外延。

2. 现实意义

第一，动机是引发个体从事并维持某种行为的原因(Shu et al., 2020)，识别企业绿色创新的动机有利于理解企业为什么要采取绿色创新，从而为企业的绿色创新实践提供现实指导，并引导企业管理者转向采取更可持续发展的行为(Bossle et al., 2016)。以中国500强企业西子联合为例，其注重绿色创新实践，以节能环保电梯和锅炉为主要研发和开拓方向是基于对当前发展趋势(解决传统电梯和锅炉高能耗高污染的问题已经刻不容缓)和利基市场(市场对于节能环保产品的需求日益增加)的精准把握而作出的战略决定，并且其内生动机主要是出于获得竞争优势，而非外界压力和企业利他主义等(项益鸣和鲁婕，2019)。因此，企业进行绿色创新时内在动机发挥的重要作用，可以为引导其他企业主动采取绿色行动而不是被动应对提供积极的示范效应，从而促进行业绿色创新水平的整体提高。

第二，了解企业进行绿色创新的动机可以促使政策制定者了解当前各种环境规制的相对效力，进而制定更为高效的环境规制(Bansal & Roth，2000；Bossle et al., 2016)。由于绿色创新所具有的高风险、高投入和双重外部性等特征，企业在决定是否投资新的绿色研发项目或者进入新的绿色市场时都会进行利弊权衡。并且，企业的绿色创新行为不是完全自发的，而是通过某种动机发生的，如法规要求、保持/寻求竞争优势、利益相关者的压力、企业道德文化/社会责任等。因此，了解企业的动机可以帮助政策制定者预测企业的行为，进而制定和完善更有效力的政策工具来诱导企业开展更多的绿色创新活动。

第三，保护环境是企业需要承担的责任，企业的绿色创新行为如果能在实现保护环境的目的的同时获得良好的企业绩效，那么企业实施绿色创新活动将是解决企业发展与环境保护之间的矛盾的双赢方案(Porter & van der Linde，1995；Chang，2011)，对于我国在新发展阶段能否实现高质量发展具有重要的意义。因此，检验绿色创新对企业绩效方面的影响有助于了解绿色创新动机所触发的绿色创新行为的有效性，从而为企业在绿色创新方面的决策提供参考依据。另外，以绿色专利为代表的绿色创新，是环境技术知识领域的核心，可以通过知识外溢产生积极的外部效应(Amore & Bennedsen，2016)，从而促进环境技术的进一步采用和推广。

1.3 研究方法

本书主要采用了下述三种研究方法：

1. 文献分析法

本书首先梳理了动机、绿色创新、竞争力、合法性、生态责任、政治激励、企业绩效和声誉等核心概念，厘清了这些概念的内涵。其次，梳理了国内外关于合法性、竞争力、生态责任和政治晋升相关的绿色创新动机研究，发现已有关于绿色创新动机研究框架以及各个动机研究的不足。最后，梳理了关于绿色创新对企业绩效和声誉影响方面的文献资料，发现企业绿色创新与绩效、声誉的关系并不明晰。总体而言，本书在对已有研究的归纳评述基础上，明确了本书的研究问题。

2. 理论分析法

在对已有文献的梳理和总结的基础上，首先，本书构建了我国企业绿色创新动机的理论模型，详细剖析了合法性、竞争力、生态责任和政治动机对企业绿色创新行为的影响并提出理论假设。其次，分析了企业绿色创新的结果表现并提出了相关研究假设。在此基础上，本书进一步分析了不同情境因素在绿色创新“动机—行为”和“行为—结果”路径中的影响。

3. 实证分析法

本书以2010—2018年我国上市制造业企业为研究对象进行实证分析。首先通过描述性统计分析和相关性分析对样本数据进行基础分析，以了解样本的基本情况。其次，综合运用Tobit模型等方法，检验了绿色创新的合法性动机、经济动机、生态责任动机以及政治动机在我国制造业企业中的存在性。再次，采用面板固定效应模型等实证方法检验了企业绿色创新在企业经济绩效和声誉方面带来的效果，从侧面验证企业绿色创新动机的有效性，以期判断企业是否值得进一步采取绿色创新活动。最后，本书还通过改变计量方法、替换关键变量的测量方式等进行稳健性检验，从而进一步考察了实证结果的有效性。

1.4　研究内容与框架

本书基于企业绿色创新的研究现状及不足之处，探索了我国企业绿色创新的动机及结果表现，主要的研究内容与框架安排大致如下(详见图 1-1)：

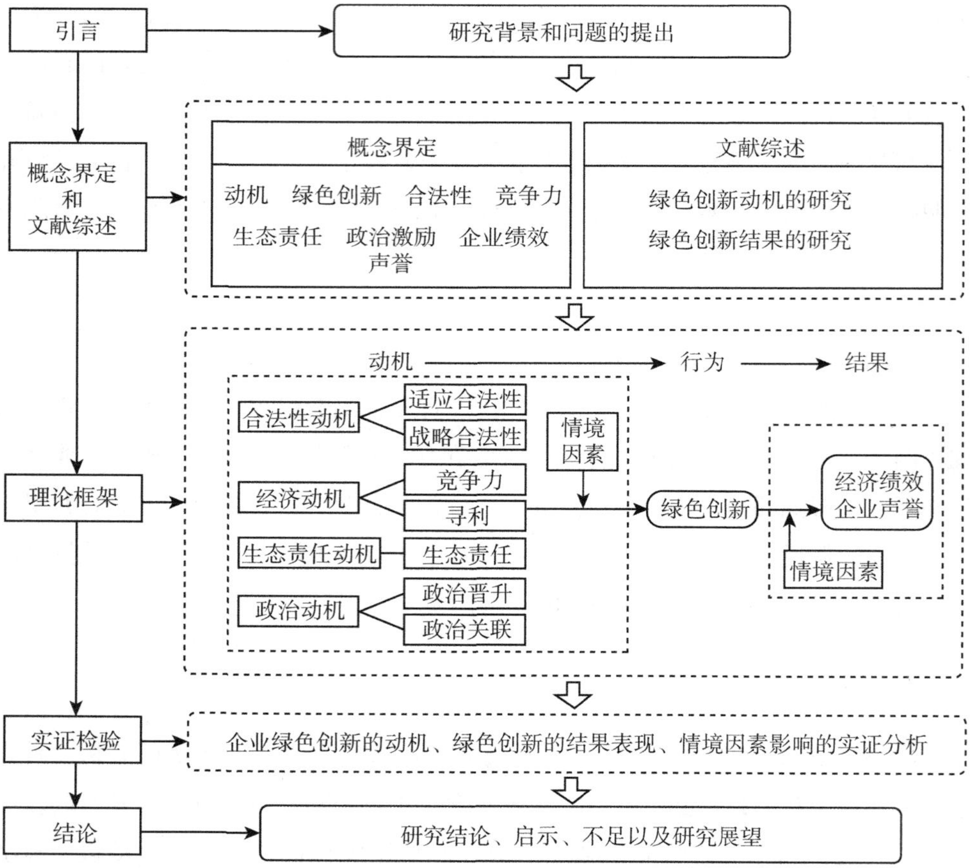

图 1-1　研究框架

第一章是引言。基于我国企业绿色创新的现实背景及相关研究背景，引出了本书主要的研究问题，分析了本书的理论意义和现实意义，阐述了本书的研究方法、研究内容与框架，最后指出了本书可能的创新之处。

第二章是概念界定与文献综述。首先，对动机、绿色创新、竞争力、合法性、生态责任、政治激励、企业绩效和声誉的概念进行了界定。其次，对现有国内外企业绿色创新动机的相关文献进行了回顾，并从绿色创新动机的研究框架、合法性动机、竞争力动机、生态责任动机和政治动机等方面进行了较为详细的梳理。再者，回顾了绿色创新结果的相关研究，包括绿色创新与经济绩效、声誉的关系。最后，对现有研究进行了评述，并指出可以进一步探讨的方面以明确本书的研究问题。

第三章是企业绿色创新动机的理论框架。首先，在现有研究的基础上，构建了企业绿色创新的动机理论模型。其次，阐述了企业绿色创新的合法性动机(包括适应合法性动机和战略合法性动机)、经济动机(包括竞争力动机和寻利动机)、生态动机和政治动机(包括政治晋升动机和政治关联动机)的理论机制与假设。

第四章是识别和检验企业绿色创新的动机。以2010—2018年我国上市制造业企业为样本，运用Tobit模型，对上一章提出的企业绿色创新合法性动机、经济动机、生态责任动机和政治动机进行检验。具体地，首先介绍了数据的来源与处理；其次，选取相关变量并设定合适的实证模型；再者，对变量进行描述性统计分析和相关性分析；最后，采用Tobit模型进行基础回归，并进行了稳健性检验。

第五章是关于企业绿色创新在企业经济绩效和声誉方面的表现的研究。首先，提出了企业绿色创新行为与企业经济绩效、声誉之间的关系的理论假设；其次，以2010—2018年我国上市制造业企业为样本，运用固定效应模型进行回归估计，从实证角度检验了企业绿色创新对经济绩效和声誉的影响，并进行了内生性检验和稳健性检验。

第六章是关于不同情境下企业绿色创新动机转化和结果表现的差异性分析。具体分析了在生命周期、内部激励、企业规模、环境法规、污染程度以及地域差异这些特定情境中，企业绿色创新的动机转化及绿色创新行为的结果因情境因素的不同会产生怎样的差异。

第七章是本书的结论、启示、不足和展望。对企业绿色创新动机及结果的研究进行总结，并根据研究结论得出一些启示。在此基础上，总结本书的不足之处并指出未来可能的研究方向。

1.5 创新之处

本书基于企业绿色创新动机理论模型，运用中国上市制造业企业2010—2018年的数据，依照“动机—行为—结果”这一逻辑路径来深入探索我国企业绿色创新的动机及结果，以期检验我国企业绿色创新动机的存在性和有效性，从而能更加全面地理解企业的绿色创新。本书的创新点主要包括以下三个方面。

第一，本书通过扩展Bansal & Roth(2000)的生态响应模型，构建了企业绿色创新动机理论模型，从主动和被动视角进一步细化了绿色创新动机，并运用我国上市制造业企业对所构建的理论模型进行了实证检验，为了解企业绿色创新的原动力提供了新的思路以及理论和实证依据。纵观现有文献，首先，大多研究主要基于由外而内的视角来探讨影响企业开展绿色创新的外部驱动因素(Brunnermeier & Cohen，2003；Horbach et al.，2012；Berrone et al.，2013；李青原和肖泽华，2020)，缺乏从企业自身视角出发来探索绿色创新动机会如何激发其绿色创新活动，导致难以全面了解激发企业开展绿色创新行为的内在动力。其次，研究大多集中于被动防御型的绿色创新动机(如适应合法性动机)，缺乏对诸如战略合法性等在内的能够促使企业主动、自愿进行绿色创新的动机的探索(Allet，2014)，因为一些企业的绿色创新行为可能是企业的战略变化或其他非预期行为导致的。再次，虽然已有一些研究试图构建企业绿色创新动机的理论模型(Bossle et al.，2016；陈力田，等，2018)，但是这些研究缺乏探讨转型经济情境下的企业是否会存在不同的绿色创新动机并缺乏对理论模型的实证证据。因此，本书基于已有研究，构建了一个基于我国背景的企业绿色创新动机的理论框架，从主动和被动的视角详细解析了绿色创新的合法性动机、经济动机和生态责任动机，并基于我国企业的特征提出了绿色创新的政治动机，拓展和丰富了企业绿色创新动机的理论研究。并且，本书利用中国上市企业的微观数据检验了合法性动机、经济动机、生态责任动机和政治动机对企业绿色创新的影响，为验证我国企业绿色创新动机的理论模型提供了经验证据。

第二，本书通过剖析企业绿色创新对企业经济绩效和声誉的影响，并在盈利能力和成长性两方面对经济绩效的分析进行细化，从侧面检验了企业绿色创新动机的有效性，同时又丰富了绿色创新与企业竞争优势之间的关系的研究，为理解绿色创新的补偿效应提供了更为详细的解释。虽然已有不少研究基于波特假说探讨了绿色创新对企业经济绩效的影响(Tang et al.，2018；Qiu et al.，2020；解学梅和朱琪玮，2021a)，但仍存在不少分歧(Soltmann et al.，2015；Hojnik & Ruzzier，2016；Duque-Grisales et al.，2020)。而且企业的绿色创新结果是多元的、复杂的，其中，很少有研究关注绿色创新与企业声誉之间的关系，这可能导致难以全面评估绿色创新对企业竞争优势的影响。因此，本书试图借助多种计量手段以系统和精准地评估绿色创新对企业绩效和声誉的影响，这在一定程度上拓展了波特假说，为验证绿色创新与竞争优势之间的关系提供了新的经验证据。

第三，本书通过研究不同类型和不同强度的创新情境(如环境法规强度和企业内部激励等)对企业绿色创新动机与结果的影响，完善了绿色创新前因后果的理论外延，为了解企业绿色创新动机影响绿色创新以及绿色创新影响企业绩效和声誉的边界条件做出了补充。虽然已有大量研究关注情境因素或者权变因素会如何影响外部压力与绿色创新之间以及绿色创新与企业绩效之间的关系(Hojnik & Ruzzier，2016；解学梅，等，2020)，但是鲜有研究关注在不同情境之中企业绿色创新的动机是否会产生差异。已有的关于不同情境的研究缺乏对企业生命周期、内部激励以及环境规制强度等方面的探讨。因此，本书扩展了“绿色创新动机—绿色创新行为”和“绿色创新行为—绿色创新结果表现”的研究路径，明晰了外部环境和企业特征促进或阻碍绿色创新动机向绿色创新行为转化以及绿色创新行为对企业绩效和声誉影响的边界作用。

第二章 概念界定与文献综述

2.1 相关概念界定

为更清晰地描述本书的研究问题，下面对与本书相关的核心概念进行界定，主要包括动机、绿色创新、竞争力、合法性、生态责任、政治激励、企业绩效和企业声誉，具体定义如下文。

2.1.1 动机

“动机”(motivation)一词源于心理学，是指直接推动个体采取行动以达到某一目的的根本动力(林崇德，等，2023)，体现了个体“为什么”的问题。动机易与需求相混淆，二者意思相近但又有区别。需求(demand)是基础，是个体的某些要求和渴望，体现了个体可能的行为倾向，其可以转化为动机，但并非所有需求都能形成动机；而动机具有明显的行为指向性，激发并维持个体产生具体的行为(陈国栋，2015)。因此，动机虽不一定是个体需要的，但却是最终形成具体行为的事实。动机具有多重性、复杂性等特征，大致可以分为内在动机和外在动机，内在动机是由个体内在需要引起的动机，外在动机则是由个体在外部环境影响激励下所产生的动机。

本书认为动机是个体实现一定目标而采取行为的起源，是引发个体从事并维持某种行为的内在动力(Chen，1996；Shu et al.，2020)。企业的绿色创新行为不是完全自然发生的，而是通过某种动机所引发的，比如追求合法性、保持或寻求竞争力、企业的生态责任、高管的政治需求等，本书将这类动机称为企业的绿色创新动机。因此，本书所指的企业绿色创新动机是立足于企业自身，能够从根本上激发企业开展并维持绿色创新行为的根本动力(Shu et al., 2020)，体现了企业对采取绿色创新活动的意愿。

2.1.2 绿色创新

2.1.2.1 绿色创新的定义

目前学术界关于描述企业对减少环境负面影响方面的创新的术语不尽相同，现有文献中用于描述这种创新类型且较为突出的概念大致可以分为四个：环境创新(environmental innovation)、可持续创新(sustainable innovation)、绿色创新(green innovation)和生态创新(eco-innovation)。其中，可持续创新的概念包括了经济维度、社会维度和生态维度，而其他三个概念较少关注社会维度，更多的是关注经济维度和生态维度的创新。总体而言，这四个概念术语虽然在定义的描述上有微小的差异，但均是描述减少或者避免对环境的负面影响的创新，因此，其在本质上基本一致，通常可互换使用(Bernauer et al., 2006；Schiederig et al., 2012；李旭，2015；Castellacci & Lie，2017)。随着学术界对企业与环境关系问题研究的不断深入，"绿色创新(green innovation)"一词自2005年以来日渐盛行，被越来越多的研究使用(Schiederig et al., 2012；Takalo et al., 2021)，尤其在国内其被使用的频率远高于其他术语(戴鸿铁和柳卸林，2009)①。2016年该词被正式公布成为管理科学技术名词，故本书采用"绿色创新(green innovation)"一词进行阐述。

现有研究关于绿色创新这一概念的具体界定尚无统一定论。大多数学者把绿色创新看作以减少环境的负面影响或以实现环境效益为目标的创新。早期的绿色创新主要是指绿色技术创新，杨发明和许庆瑞(1998)、Norberg-Bohm(1999)等将绿色技术创新简单地描述为通过减少或避免资源浪费来减少对环境的影响，从而推动浪费最小化社会目标的实现。类似地，陈华斌(1999)认为能够实现环境—经

① 作者在中国知网(CSSCI索引库)检索"绿色创新"一词，截至2021年5月31日，该词使用频次大约为808(220)，远高于"环境创新""生态创新"和"可持续创新"的使用频次，即158(48)、231(73)和122(21)。

济—社会协调发展的创造性活动为绿色创新。随着研究的深入，绿色创新的定义得到了扩展。Hillestad et al.（2010）将以保护环境为目标的这种独特的、差异化的先进技术开发方法标记为“绿色创新”。Lin et al.（2014）认为绿色创新是指产品或流程的改进以及新思想或行为的产生，以减轻环境负担或实现生态的可持续发展目标（Rennings，2000）。Chen et al.（2006）则更为具体地将“绿色创新”定义为“与绿色产品、流程相关的软硬件创新，包括废物回收、节能、污染预防、绿色产品设计或企业环境管理等方面的技术创新”，企业一般采用绿色创新用于提高环境管理绩效，以满足环境保护的要求。不少学者借鉴 Chen et al.（2006）的观点作为绿色创新的定义（Chang，2011；姜雨峰和田虹，2014；Albort-Morant et al.，2016；Song & Yu，2018；Soewarno，2019）。类似地，Qi et al.（2021）认为绿色创新是组织在生产、吸收或利用某种产品、流程或管理方法的时候，应该采用对组织而言具有创新性的方案，从而减少对环境的负面影响的行为（Horbach et al.，2013）。组织环境管理具有反应性（较少进化）、预防性（中级进化）以及主动性（较高级进化）三类不同的进化阶段（Jabbour，2010；Angelo et al.，2012）。Angelo et al.（2012）认为绿色创新就是上述第三种积极主动的环境管理的结果，关注环境的组织实施和变革，涉及公司的产品/服务、制造流程和市场营销等方面不同程度的创新。具体地，绿色创新可以仅仅是增强现有事物性能的渐进式改进，也可以是促进完全前所未有的事物的激进改进，其主要目标是减少公司对环境的影响。Song et al.（2019）则从更广泛的角度出发，认为只要具有创新新颖性和价值特征，能够实现资源节约和环境改善的行为，就是绿色创新（Fei et al.，2016；Kunapatarawong & Martínez-Ros，2016）。Singh et al.（2020）则认为绿色创新是指通过采用组织实践来开发环保产品和工艺，即采用更环保的原材料、在采用生态设计原则的产品设计过程中使用更少的材料以及减少排放，减少水、电和其他原材料的消耗（Gunasekaran & Spalanzani，2012）。

然而，还有部分学者认为绿色创新并非完全是以减少环境污染为目的。为了定义“绿色创新”的概念，Driessen & Hillebrand（2002）提供了“一个相当务实的定义”，认为绿色创新不一定要以减少环境负担为导向而进行，但绿色创新却又能产生实质的环境效益。也就是说，绿色创新可以在有或没有减少环境污染的明确目标的情况下进行。企业进行绿色创新可能只是单纯地出于通常的商业目标的刺激(如降低成本或提高产品和服务质量)(Kunapatarawong & Martínez-Ros, 2016)。如, Castellacci & Lie(2017)、Takalo et al. (2021)认为绿色创新可与生态创新替换使用，并借鉴 Kemp & Pearson(2007)关于生态创新的定义，将绿色创新定义为有助于组织开发/采用新的生产、技术、产品和服务等，从而达到减少环境风险、污染和资源开发的负面影响的效果，其在整体上与其他的"相关替代方案"相比更为环保。Takalo et al. (2021)还将创新分为产品/服务创新和流程创新，认为产品/服务创新的最终目标是为客户改进产品和服务的功能。Qiu et al. (2020)同样认为绿色创新是为客户和业务提供价值，同时显著地降低对环境的负面影响。也有不少研究认为绿色创新是将环境效益与企业或用户的利益结合在一起，绿色创新在获得环境效益的同时，还能够为企业和客户实现增值，获得经济效益或社会效益(Rennings, 2000; Rennings et al., 2004; 李海萍，等，2005; 李巧华和唐明凤，2014; 解学梅和朱琪玮，2021a)。李巧华和唐明凤(2014)将绿色创新界定为：为实现可持续发展，企业在产品设计和生产等一系列过程中"有意识"或"无意识"地兼顾经济效益和环境效益的节能、降耗等创造性行为。

另外，根据 Weng et al. (2015)的观点，绿色创新的定义通常可以分为两类。第一类是从企业的能力方面来定义绿色创新，认为绿色创新是企业的一种能力，如吸收能力、绿色智力资本和绿色核心竞争力等(Chen, 2008a; 2008b; Gluch et al., 2009)；第二类是从企业的环境实践来定义绿色创新(Qi et al., 2010; Chiou et al., 2011; Chang, 2011; Lin & Ho, 2008)。当绿色创新被视为企业的环境实践时，绿色创新可被定义为与绿色产品或流程相关的硬件或软件创新(Chen et al., 2006)，包括技术改进或新的管理实践，从而提高环境绩效和竞争优势(Huang et al., 2009; Rennings, 2000)。其他学者认为，绿色创新包括有益于环境并有助于环境可持续的新的或改进的过程、实践、系统和产品(Bernauer et al., 2007)。

综上所述，现有关于绿色创新定义的研究虽有差别，但核心含义基本一致。绿色创新是指新的或改进的产品、流程和服务等，包括技术、管理和组织创新(Chen et al., 2006; Weng et al., 2015)，往往涵盖了多项技术(如太阳能、风能系统)、组织实践(如污染预防)和服务(如电气化道路)等(Karakaya et al., 2014)，强调节能、预防污染和实施环境管理系统方面的创新(Eiadat et al.,

2008；Song & Yu，2018；Soewarno，2019）。无论企业绿色创新是否以环境为导向，其最终都能减少对环境的负面影响，获得一定的环境效益（Driessen & Hillebrand，2002；Chen et al.，2006；Takalo et al.，2021）。也正是因为绿色创新的概念并没有限制企业开展绿色创新活动是出于环境改善的意图，因此，研究和验证企业绿色创新的动机显得非常重要（Bossle et al.，2016）。

2.1.2.2　绿色创新的分类

大部分研究将绿色创新分为绿色产品创新（green production innovation）和绿色流程/工艺创新（green process innovation）（Klassen & Whybark，1999；Chen et al.，2006；Chang，2011；姜雨峰和田虹，2014；Albort-Morant et al.，2016；Song & Yu，2018）。如 Klassen & Whybark（1999）将绿色创新分为产品设计和制造流程两方面的创新。从产品设计方面来看，绿色创新包括修改现有产品设计的过程，以减少在产品生命周期的任何阶段对环境的任何负面影响。从工艺流程方面看，绿色创新是对在材料采购、生产和交付过程中减少对环境的负面影响的任何关于制造工艺流程的调整。

部分学者将上述分类进行了扩展，从更广泛的层面来划分绿色创新。Chiou et al.（2011）在前述的基础上增加了第三种类别，即绿色管理创新。Tseng et al.（2013）又新增了技术创新，认为绿色创新包括管理创新、过程创新、产品创新、技术创新，并从这四方面来综合评估绿色创新。另外，还有学者根据研究需要从创新质量角度将绿色创新分为低质量的开发性绿色创新和高质量的探索性绿色创新（陈红，等，2019；Wang et al.，2020；Hu et al.，2020）；或从技术角度将绿色创新分为末端治理技术创新和前端清洁生产技术创新（杨发明和许庆瑞，1998；Xie et al.，2019b；解学梅，等，2020）。Fei et al.（2016）根据传统创新理论范式，将绿色创新分为绿色技术创新、绿色制度创新和绿色商业模式创新三类创新。若按效果来分，则将绿色创新分为节能、减排和直接改善环境质量三种类型。

尽管绿色创新的性质可以是技术、产品、过程、组织、社会或制度，但绿色创新通常最普遍地被分为绿色产品创新和绿色流程/工艺创新（Rennings，2000；Chen et al.，2006；Chang，2011；Schiederig et al.，2012；Song & Yu，2018）。20

世纪七八十年代的大多数绿色创新可以归为流程/工艺创新(Lanjouw & Mody, 1996)，这可能是由于大公司普遍关注流程，从而导致对以环境为导向的产品创新缺乏关注，已有的绿色产品创新在很大程度上也仅限于应用边际产品调整来减少环境负担(Driessen & Hillebrand, 2002)。由于利益相关者及企业自身环保意识的日渐觉醒，企业也开始注重产品、服务、管理等方面的绿色创新。

2.1.3 竞争力

竞争力(competitiveness)的概念相对复杂，其在不同层面有不同的含义，如国家层面、行业层面和企业层面的竞争力就不同。Porter & van der Linde(1995)认为无法明确界定在国家层面的竞争力，但总体上竞争力是工业的平均生产率或每单位劳动和每美元投资所创造的价值，而生产力取决于产品的质量和特性及其生产效率。OECD(1996)将竞争力认定为在可持续基础上，尽可能低水平非自愿失业率的国家具有的创造高水平和不断提高的生活水平的能力。与之类似，EU Commission(2003)认为竞争力是指一个经济体在可持续的基础上为所有愿意工作的人提供高水平并不断提高的生活水平和高水平就业的能力。除国家之外，经济体也可以是地区、行业、企业或超国家地区(OECD, 1996)。

在企业层面，竞争力的含义相对明确(Porter & van der Linde, 1995)，对企业的生产和发展具有关键意义。因本书的研究对象为企业，故下面主要讨论企业竞争力。早期的竞争力定义主要是指与竞争对手相关的组织的能力和产品(Bowman, 1992; Stalk, 1992)，如部分学者认为竞争力是持续提升流程能力的能力，而另一些学者认为竞争力是使组织自身的产品能被客户选择而不是作为竞争对手产品的替代品的能力。简而言之，核心能力以及驱动这些核心能力的能力可被视为企业竞争力的本质或核心元素(Feurer & Chaharbaghi, 1994)。然而，这些观点仅考虑了组织、客户、竞争对手等关键参与者，并未考虑股东等因素，也未从动态角度考虑竞争力的持续性，如能否把握住在不断变化的竞争环境中随时出现的机会也是竞争力的重要方面(Feurer & Chaharbaghi, 1994)。对此，有学者逐渐将成本领先、差异化策略(Porter, 1980)以及二者的组合纳入竞争力以实现组织的竞争优势。Feurer & Chaharbaghi(1994)通过整合上述元素，将竞争力定义为与竞争对手相比，组织能够提供使客户和股东等利益相关者更满意的价值，并在不断变化的竞争环境中迅速行动和反应，持续改进组织的产品、能力和潜力，从而保持组织竞争地位的能力。竞争力的基本构成包括能力、产品和潜力，其中能力主要是组织做出行动和反应所需的财务能力，潜力是组织人员和技术在实施战略变革方面的能力。类似地，金碚(2001)认为竞争力是指与其他竞争对手相比，企业在竞争性市场中具备持续提供产品或服务并获得利益和实现自身发展的综合能力。Kemp & Pearson(2007)将竞争力广义地定义为在国内外市场销售其产品的能力。企业的竞争能力同时取决于企业的内在能力和外部因素，如需求、用户反馈、相关产业和支持产业的存在、国家制度以及创新方面的因素(如技能、知识产权等资源及其配置能力)(Kemp & Pearson，2007)。Aigner et al.(2013)则从传统的商业战略领域考虑，认为当公司财务回报随着时间的推移高于行业平均回报时，企业变得具有竞争力。

Porter & van der Linde(1995)认为行业层面的竞争力源于卓越的生产力，包括提供比竞争对手更低的成本以及更高价值的产品的能力。然而，在面临不断凸显的环境问题背景下，Porter & van der Linde(1995)还认为企业在环境与竞争力之间的权衡非常重要。对此，Hart(1995)提出了以自然资源为基础的理论以更好地阐述生态资源环境与企业的关系。基于此，Bansal & Roth(2000)、Gadenne et al.(2009)等把企业对环境采取的策略或响应能力纳入竞争力范畴。Bansal & Roth(2000)以自然资源基础观为基础，将企业竞争力定义为提高企业长期盈利能力的生态响应能力，即通过实现企业的生态责任来获得竞争优势，从而提高企业的盈利能力。而其中提高竞争力的生态响应策略则可以是降低资源成本、实施环境管理体系、生态标签、开发绿色产品等生态创新管理方式(Shrivastava，1995；Russo & Fouts，1997；Kemp & Pearson，2007)。企业因具备的竞争力而获得的竞争优势是指竞争者无法复制企业所采取的竞争战略，也无法获得企业在竞争战略中获得的利益(Chang，2011)。从这点可以看出，竞争力往往有一定的难复制、难替代、价值性和稀缺性等特点(Prahalad & Hamel，1990；Barney，1991；Li et al.，2019)，具备这些特征的核心技术或能力既可以是竞争力，也可被称为核心竞争能力(Chursin & Tyulin，2018)。后来，Jiang & Bansal(2003)、Gadenne et al.(2009)以及Allet(2014)等分别借鉴Bansal & Roth(2000)的竞争力定义，对企业生态环境响应行为(如环境管理、绿色创新)相关领域展开研究。

综上所述，企业竞争力的定义虽略有不同，但其本质是一个相对的概念，是相对于竞争对手而言在变化的市场环境中具备更好的持续生存和发展的能力。鉴于本书研究企业绿色创新的动机，参考 Bansal & Roth(2000)的定义，本书采用的竞争力动机是指企业采取绿色创新响应行为的动机(即绿色创新行为产生的动机)，是为了保持竞争力，即与行业竞争对手相比，企业实施绿色创新行为可能是为了在行业中具有更好的产品、服务或潜力从而产生并保持竞争优势以获得持续的利益。

2.1.4 合法性

在组织领域，Parson(1960)首次将合法性(legitimacy)概念引入组织问题的研究中，认为合法性涉及参与社会行动的共同价值观，并将组织合法性定义为组织的价值体系与所处的社会制度保持一致。在此基础上，Dowling & Pfeffer(1975)将组织合法性更具体化地定义为与组织活动相关的规范、信念、价值观和利益相关者期望之间的一致性的程度。相比 Parsons(1960)的合法性，Weber(1978)所界定的合法性范畴相对窄一些，其系统地将合法性界定为某种程度上的一种义务或者典范，认为合法性是可以通过对社会标准和正式法律的遵从而获得的。自 Weber(1978)首次引入合法性并发现合法性在社会学领域的作用之后，社会学领域的合法性研究不断演进，进一步影响了组织制度理论领域的相关研究。Meyer & Rowan(1977)作为新制度理论的创始人，首次将文化、认知方面的因素融入合法性的研究范畴。基于 Meyer & Rowan(1977)的研究，Meyer & Scott(1983)同样强调文化的一致性，将合法性定义为组织与其文化环境的一致性。Suchman(1995)则从一个更包容、广义的角度定义合法化，认为合法化是"一种普遍的观点或假设，即一个实体的行为在所在社会构建的规范、价值观、信念和定义系统中，是可取的(desirable)、适当的(appropriate)或正确的(proper)"。类似的，Zimmerman & Zeitz(2002)将合法性视为"对接受性(acceptance)、适当性(appropriateness)和合意性(desirability)的社会判断"。

自 Suchman(1995)提出该定义以来，该定义已被学者们普遍认可和引用(Massey，2001；Bansal & Roth，2000；杨栩，等，2020；解学梅和朱琪玮，2021a)，成为对组织合法性较权威的理解。如 Bansal & Roth(2000)在讨论企业绿色创新的合法性动机时，引用 Suchman(1995)的解释，将合法性定义为在一套既定的法规、规范、价值观或信仰范围内提高其行为的适当性，具体地，即遵守规范和法规以保持公司的生存性，符合政府、当地社区、利益相关者、同行竞争对手等的期望。Bansal & Clelland(2004)、Chang & Chen(2013)和 Soewarno et al.(2019)等参考了 Suchman(1995)和 Massey(2001)等的研究，将组织合法性进一步运用到环境领域，提出了环境组织合法性的概念。Bansal & Clelland(2004)将环境组织合法性界定为对企业环境表现是可取的、适当的或正确的一种普遍观点或假设。Chang & Chen(2013)和 Soewarno et al. (2019)则将其定义为组织的环境目标和活动与其利益相关者广泛共享/期望的环境规范、信念和价值体系的一致程度，并从企业是否在环境管理和保护方面是一个安全的、合法的、有公信力的、良好的组织，是否允许企业从环境管理和保护方面继续经营并为客户提供产品和服务的组织等角度来衡量环境组织的合法性。

基于不同的维度，合法性的分类也略有不同。新制度主义学者 DiMaggio & Powell(1983)首次创新地提出将制度同构分为规制同构、规范同构和模仿同构。虽然 DiMaggio & Powell(1983)没有直接区分合法性的类型，但是其对制度同构的分类为未来合法性的分类奠定了基础，包括对 Suchman(1995)和 Scott(1995)等研究的影响。Scott(1995)认为合法性包括规制合法性、规范合法性和认知合法性。类似地，Suchman(1995)将合法性划分为基于观众自身利益的务实合法性、基于规范认可道德合法性以及基于理解性和理所当然的认知合法性三种。虽然 Scott(1995)与 Suchman(1995)对合法性分类的命名略有不同，但三类合法性在内涵上是基本一致的(陈扬，等，2012)。目前，Suchman(1995)和 Scott(1995)对合法性的分类奠定了合法性维度的研究基础并且已受到学界的广泛认可。在此之后，仍有一些学者提出新的分类方式以尝试从不同的角度理解合法性。如王军会(2019)基于不同利益相关者的角度将合法性划分为政治合法性、社会合法性和经济合法性。除了上述合法性的分类，还有一些学者提出从制度视角和战略视角来区分组织合法性。基于制度视角，合法性被视为一种约束(Massey，2001)，如施加在企业组织外部的一种需要遵守的规范或准则(Tornikoski & Newbert，2007)，使得企业得以维系生存。基于战略视角，合法性作为一种重要资源(Massey，2001)，有利于企业进一步获得其他资源(Zimmerman & Zeitz，2002)。因此，合法性可分为适应合法性和战略合法性(Tornikoski & Newbert, 2007；李雪灵，等，2011；解学梅和朱琪玮，2021a)。

此外，与合法性密切相关的词汇主要有两个，即合法(legality)①与合法化(legitimation)。在讨论组织团体、社会秩序问题的时候，合法性(legitimacy)与合法(legality)相比，合法性可以包括合法但不限于合法，是一个更优的范畴并具有更广泛的适用性(高丙中，2000)。合法性(legitimacy)与合法化(legitimation)相比，前者是一种状态，后者则是实现前者状态的一种动态过程。

结合上述分析，组织合法性在本质上是组织行为与所处社会环境的一致性，环境组织合法性就是组织的行为和价值与所处社会对环境问题的期望的一致性。本书采用的是广义上的“合法性(legitimacy)”一词，采用环境组织合法性的概念，认为合法性动机是指企业的绿色创新响应行为是为了追求环境组织的合法性，当企业符合社会对环境问题的期望时，则该企业获得了环境组织合法性(Soewarno et al., 2019)。

2.1.5 生态责任

企业生态责任(corporate ecological responsibility/environmental responsibility)的提出源自企业社会责任(corporate social responsibility, CSR)内涵不断地外延和扩展。企业社会责任概念丰富且层次众多，在不同的领域具有不同的含义，这与企业社会责任的概念演变随着经济社会的不断发展而深化和外延有关。企业社会责任的早期概念被普遍认为是由“企业社会责任之父”Bowen(1953)提出的，其认为企业社会责任是企业(早期文献称之为“businessman”)按照理想的社会目标和社会价值观而去奉行某些政策、做出某些决策或遵循某些行动路线等的义务。自此，企业社会责任有了初始的定义。之后，学者们围绕企业社会责任提出了各类观点，Davis(1960)将企业社会责任定义为商人的决策和行动是出于至少部分超出公司的直接经济或技术利益的原因，需要考虑对整个社会系统的影响，谋求整个社会福利的增加。Carroll(1979)提出了企业社会责任的初步框架，认为企业社会责任可分为经济责任、法律责任、道德责任和自愿责任四类。之后，Carroll

① 合法(legality)一般指与法律的一致性。

(1991)进一步将自愿责任明确为慈善责任，并提出了“金字塔理论”。此后该定义逐渐成为学界最为盛行和最为常用的观点。可见，除经济和法律责任外，企业社会责任还涉及道德责任等。其中，企业道德责任强调企业除了履行经济和法律等方面的责任之外，还应注重伦理道德方面的责任，自觉遵循基本的伦理准则和道德规范(Robbins，1991)，其涵盖了职业道德、社会道德、环境道德等维度。不少学者认为企业社会责任更多地是强调履行与道德相关的责任(Robbins，1991；DesJardins，1998)，企业生态责任就是其中一个重要方面。DesJardins(1998)将企业社会责任勾画为对影响自然环境的商业活动施加实质性的道德限制。Enderle(2004)更直观地将生态责任作为企业社会责任的主要内容，认为企业社会责任包含经济责任、生态责任、政治责任和文化责任。也有企业采用环境伦理/道德来阐述企业处理与环境的关系的原则、信念和价值观等(Palmer et al.，2014；Rui & Lu，2020)。

随着环境问题的不断凸显，生态责任越来越被视为企业社会责任的支柱(Williamson et al.，2006；Egri & Ralston，2008；Babiak & Trendafilova，2011)，相关的研究也在不断深入。DesJardins(1998)认为应从两个方面解释企业生态责任：一是企业生态责任可以影响企业的经营决策；二是企业生态责任是企业可以通过采取减缓生态恶化乃至保护生态环境的行动来解决因经营决策而造成的负面环境影响。Ahmed et al. (1998)和Chang(2011)等将企业生态责任概括为企业针对环境问题的总体道德信念、价值和规范。因此，企业的生态责任是企业对自身社会义务和价值观的关注，企业在道德层面认为采取环境保护行为是“正确的事情”(Wood，1991；Bansal & Roth，2000)。可见，生态责任明显区别于前述的合法性和竞争力动机，企业生态责任动机的显著特征是对社会生态的关注，是出于道德感、责任感而非自身经济利益(Buchholz，1991；L' Etang，1995)。Enderle(2004)则认为企业在环境领域的责任主要是致力于消耗更少的自然资源、减少污水等对环境的负担的可持续发展。另外，参与自愿环境恢复、生态设计实践或系统地减少废物和运营中的排放量等要素也被逐渐纳入生态责任的范畴(Montiel，2008)。Mazurkiewicz(2004)发现大多公民、环保组织和企业认为生态责任涵盖了企业运营、产品和设施对环境影响的责任，因此，企业在经营过程中应最大限度地提高其资源的效率和生产力，减少浪费与排放，并尽量减少其他可能对生态环境产生不利影响的行为(Enderle，2004；Lynes & Andrachuk，2008)。其中，Mazurkiewicz(2004)认为企业生态责任是一种义务，而Lynes & Andrachuk(2008)等认为企业生态责任是企业的自愿承诺，是企业在开展业务活动过程中尽量减少其对生态造成的影响而自愿做出的努力。

简单来说，企业生态责任就是企业在生态环境保护方面的社会责任，为企业在经济决策和行动中提供了环保相关的思想道德基础，从而有助于企业更好地处理与环境的关系并实现绿色发展。本书借鉴Bansal & Roth(2000)，采用生态责任①来描述企业在环境保护方面的信念与关注。故本书所指的生态责任动机是指企业做出绿色创新响应行为的动机(即绿色创新行为产生的动机)是企业基于环境道德上对生态环保理念的追求与责任的实现而主动采取绿色创新。

2.1.6 政治激励

由于国有企业和民营企业的产权性质差异以及我国特色的经济体制背景，国有企业和民营企业面临的政治激励通常存在较为显著的差异。对于民营企业而言，政治激励通常体现为企业高管与政府之间的政治关联。政治关联最早是由Fisman(2001)提出的，之后由学者们将政治关联确定为企业与政府官员或政府部门之间的某种关系，并形象地从三方面的关系或状态来描述政治关联：一是高管的政治身份，即企业高管现在或曾经拥有人大代表或政协委员资格；二是高管的政治经历，即企业高管曾任政府官员；三是企业本身的政府背景，如企业由政府出资成立或曾任政府官员创办(Faccio，2006；Fan et al.，2007；邓建平，等，2009；宋增基，等，2012)。本书主要集中于第一类政治关联。

不同于民营企业，对于国有企业而言，因其本身所具有的政府背景，国有企业高管面临的政治激励往往不局限于政治关联，更多的是体现在潜在的政治晋升激励。在我国特色的经济体制下，国企高管具有“职业经理人”和“政府官员”这种“亦商亦官”的双重特殊身份，且更偏向后者“政府官员”这一身份(刘青松和肖星，2015；杨瑞龙，等，2013；曹伟，等，2016)，这导致了我国国企高管的任

① 有些文献采用“环境伦理”或“道德”(ethics)(如：Bansal & Roth，2000；Chang，2011；Rui & Lu，2020)一词来表示环境/生态责任。

命具有行政色彩。因此，身兼双重身份的“准官员”国企高管存在政治晋升方面的政治激励和政治动机。根据晋升渠道的不同，可以从两方面来界定国企高管的政治晋升：一方面是内部晋升，即将国企高管升迁至上一级企业集团或行政级别更高的企业集团任职(徐细雄，2012；曹伟，等，2016)；另一方面是外部晋升，即将国企高管升迁至政府机构任职，从准官员身份转变为正式的政府官员(Cao et al.，2019；杨瑞龙，等，2013；王曾，等，2014)。本书将内外部的晋升统称为国企高管的政治晋升，其通常具备以下两点特征：一是行政级别从低向高的升迁；二是我国特有的职位晋升激励方式，是专门针对国企高管“准官员”身份而提供的隐性激励手段(Cao et al.，2019；王曾，等，2014)。

综上所述，本书所指的政治动机指企业做出绿色创新响应行为的动机是出于企业高管为了寻求政治激励所采取的行动。对于国有企业高管的政治激励水平，本书以国有企业高管的政治晋升预期来表示。对于民营企业高管的政治激励水平，本书以民营企业高管的政治关联度来表示。

2.1.7 企业绩效

对企业绩效的研究包括经济绩效、市场绩效、社会绩效、环境绩效和质量绩效等。传统的企业绩效是指企业在一定时间段内经营所得的业绩，可以综合反映企业的运作效率和发展水平(张建涛，2018；关洪军，等，2017)。绿色创新的企业绩效则体现了企业采取绿色创新行为所产生的结果和效率。这类企业绩效一般是指经济方面的绩效，经济绩效具有很强的多维性特征，涵盖了盈利能力、偿债能力、发展能力和营运能力等方面，学者们也倾向于从多维角度来研究经济绩效。如 Ruebert et al.(1985)从效能、效率和适应性三个维度来衡量企业绩效。Ireland et al.(2003)、Eiadat et al.(2008)和 Hojnik & Ruzzier(2016)等大部分学者从企业的盈利能力和成长能力或者发展能力来衡量企业的绩效。对于经济绩效的具体衡量，现有研究采用不同的财务指标来反映，如资本报酬率、销售利润率、收入增长率等(Eiadat et al.，2008；周煊，2012；田利辉和张伟，2013；Shu et al.，2020)。除此之外，还有研究采用经济价值增加值(EVA)、市场份额等方法来评价绩效(许秀梅，2015；陈晨，2019；Guo et al.，2020)。综合来看，现有关于经济绩效的研究通常是基于财务会计方法和市场的价值来反映，将企业盈利能力和成长性等作为评价维度(Ireland et al., 2003; Hojnik & Ruzzier, 2016),并采用资本报酬率、营业收入增长率、市场价值等具体指标来衡量。

由于绿色创新是以减少对环境影响而采取的创新行为,因此,区别于一般的企业创新,对于绿色创新行为而言,企业绩效通常还包括环境绩效(Schaefer, 2007; Li, 2014; Cai & Li, 2018)。环境绩效是企业通过源头减少排污、污染预防和采用环境管理等在内的实践来努力降低对环境的负面影响等获得的环境效益(Chiou et al., 2011),取决于环保产品的质量、绿色工艺和产品的创新,以及将生态可持续性问题纳入企业的运营和产品开发(Singh et al., 2020)。从狭义上看,环境绩效具体指企业在可定量观测的环境指标上的表现,如污染物排放量(关洪军,2017);从广义上看,企业环境绩效是企业持续性的资源节约、能源高效利用、生态保护等方面的综合效果(关洪军,2017)。由于客观指标的难以度量,部分研究采用受访者对环境绩效的主观判断来衡量企业取得的环境绩效,如是否减少或回收所售商品的包装数量,是否改变业务流程以减少浪费和消耗的原材料(Chiou et al., 2011; Singh et al., 2020)。

社会绩效是从企业的社会责任衍生而来的,源于 Carroll(1979)基于企业社会责任的相关研究提出的企业社会绩效理论模型。Carroll(1979)从社会响应、社会责任分类和涉及的社会问题三个维度构建了企业社会绩效理论模型,但并未明确定义企业社会绩效。Wood(1991)对该模型进行了改进,并将社会绩效界定为社会责任原则驱动企业行为的程度、企业采取社会响应过程的程度、管理企业社会关系的政策的存在性以及企业行为的社会影响等的综合效果。类似地,Scott(1995)将社会绩效概括为企业行为对整个社会产生的综合结果。目前对于社会绩效的衡量,主要是通过社会责任年报中相关信息来获取,如李文茜和刘益(2017)采用每股社会贡献值来衡量企业的社会责任,以此来衡量企业对社会的整体贡献,但本书采用的样本中该变量有大量的缺失值,易造成结果的无效性,故未考虑此指标。另外,还有研究采用李克特量表的主观数据来衡量社会绩效(邬爱其和金宝敏,2008;张小军,2012)。

综合来看,由于企业的实践运营产生的环境绩效或者社会绩效具有一定的不透明性,往往难以通过客观的硬性指标进行有效评价,尤其是当这些绩效不透明的时候,通常没有可量化的标准或参数来衡量。现有研究通常采用主观测量方法，基于受访者的主观判断来衡量。因此，鉴于问卷获取数据的难度较大以及难以保证数据结果的有效性，本书主要从最为直观、最受关注的经济绩效出发，分析企业绿色创新行为的绩效结果。

2.1.8　企业声誉

在媒体舆论影响力不断增强的信息化时代，企业的声誉对于其获得顾客的信赖、占领市场份额、提升竞争力都有着举足轻重的影响(Chen，2008a；Vidaver-Cohen & Brønn，2015；Liao，2018；解学梅和朱琪玮，2021b)。Spence(1973)和Fombrun & Shanley(1990)认为声誉是企业在竞争中对外传达的以最大限度提高自身社会地位自身的关键特征。在此基础上，Fombrun(1996)进一步将企业声誉界定为企业过去所有行为和未来前景的综合表现，是企业内部成员及利益相关者对企业吸引力和相对地位的总体看法或认知。Weiss et al.(1999)将声誉视为一个组织受到尊重程度的一种社会认知。简单来说，声誉是与竞争对手相比，企业是否更好(Dowling & Moran，2012)。声誉往往具有可信度、可靠性、责任感和可信赖性等特征(Hall，1993；Fombrun，1996)。鉴于声誉的独特性，企业声誉常常被视为一种无形的战略资产，一种具有创造价值的卓越潜力，是竞争对手模仿的障碍，因此，良好的企业声誉对于企业的长期可持续发展具有十分重要的作用(Hall，1993；Zhu et al.，2014)。本书认为企业声誉是企业独特的无形资产，是外界对企业独特性的一种社会判断，体现了企业在利益相关者中的吸引力和相对声望。企业采取的绿色创新行动若能为企业带来良好的声誉，也是一种重要的结果表现。

2.2　企业绿色创新动机的研究综述

企业进行绿色创新的重要性越来越凸显，相关主题的文献研究也逐渐增多。已有研究大多数仍集中于对绿色创新内外部影响因素的研究，探讨环境规制、利益相关者压力等外部环境因素对企业绿色创新的影响(Porter & van der Linde，1995；Brunnermeier & Cohen，2003；Horbach et al.，2012；Berrone et al.，2013；解学梅，等，2020；于飞，等，2020)，分析企业创新资源、技术能力和公司治理等内部因素对企业绿色创新的影响(Hart，1995；Cuerva et al.，2014；Amore & Bennedsen，2016；曹洪军和陈泽文，2017；Liao & Tsai，2019；Guo et al.，2020)。同时，也有一些研究尝试探索企业进行绿色创新对企业经济绩效和环境绩效的影响(Hojnik & Ruzzier，2016；Singh et al.，2020；张兆国，等，2020；解学梅和朱琪玮，2021a)，然而，少有研究关注企业进行绿色创新的动机。下面主要对现有企业绿色创新动机以及绿色创新行为造成的结果的相关研究进行回顾。

2.2.1 企业绿色创新动机的研究框架

对于企业绿色创新动机模型的提出，最早可以追溯到 Bansal & Roth(2000)的研究。通过对早期学者们关于企业生态响应动机研究(如：Hart，1995；Lawrence & Morell，1995；Porter & van der Linde，1995)的总结，Bansal & Roth(2000)认为企业生态响应①的驱动因素可以大致分为四类：(1)法规(不断增加的处罚和诉讼费用等促使企业进行生态响应)；(2)利益相关者压力(来源于客户、当地社会团体、政府以及相关环境利益团体的压力促使企业管理者进行生态响应以获得其支持)；(3)经济机会(企业为了降低减排成本、增强竞争优势、提升企业声誉而积极地采取绿色工艺创新、绿色产品创新和绿色营销等生态响应)；(4)道德动机(企业或企业家出于纯粹的道德良知而自愿自发进行生态响应)。基于上述四类动机，Bansal & Roth(2000)首先构建了一个生态响应初步模型。然而，Bansal & Roth(2000)认为该企业生态响应初步模型存在两个局限：第一，只有少数研究全面系统地运用数据来验证企业进行生态响应是否真的来自这些动机，并且这些研究往往只依赖一些案例研究，因而无法将结论普适化。第二，企业进行生态响应的各类动机之间的区别尚不清楚，对每种动机产生的前提与结果(即企业对每一动机所采取的相应行动)的路径也无系统、清晰的解释。

---

① Bansal & Roth(2000)将企业生态响应定义为一系列旨在减轻企业对自然环境影响的企业行为，包括改变公司的产品、流程和政策，例如，减少能源消耗、使用可持续资源、开发绿色产品以及实施环境管理系统等(Page 717)。本书认为 Bansal & Roth(2000)对企业生态响应的定义也包含了企业进行绿色创新这一行为，因而 Bansal & Roth(2000)所提出的企业生态响应动机模型也适用于对企业绿色创新的动机分析。本书对 Bansal & Roth(2000)所构建的生态响应模型进行了详细的回顾和阐述，并以此模型作为本书所构建的绿色创新动机模型的基础。

鉴于企业生态响应初步模型存在的问题，Bansal & Roth(2000)通过分析归纳法(Analytic induction)构建了较为全面系统的企业生态响应的动机模型(见图2-1)，最终识别出企业进行生态响应的三个基本动机：竞争力(competitiveness)、合法性(legitimation)和生态责任(ecological responsibility)。竞争力动机是指企业希望通过采取节能减排、开发绿色产品和采用环境管理系统等绿色创新举措来提升企业竞争优势，进而使企业获得长期收益；合法性动机指企业希望通过遵守社会既定的法规和规范、成立环境委员会监督企业的生态影响、建立应急系统等来提升其行为的合法性，以保证企业得以生存；生态责任主要源于企业对其社会义务和价值观的关注(Suchman, 1995; Bansal & Roth, 2000)。进一步地，Bansal & Roth(2000)从生态、组织、个人三个层面分析了问题突出性(Issue salience)、组织凝聚力(field cohesion)和个人关注度(individual concern)三个情境。由于一个系统可以通过不同的初始条件和通过多种途径达到相同的最终状态(Katz & Kahn, 1978)，因此，这些情境虽在不同层面，但能够同时影响某一动机，而不是指定地影响某一动机。

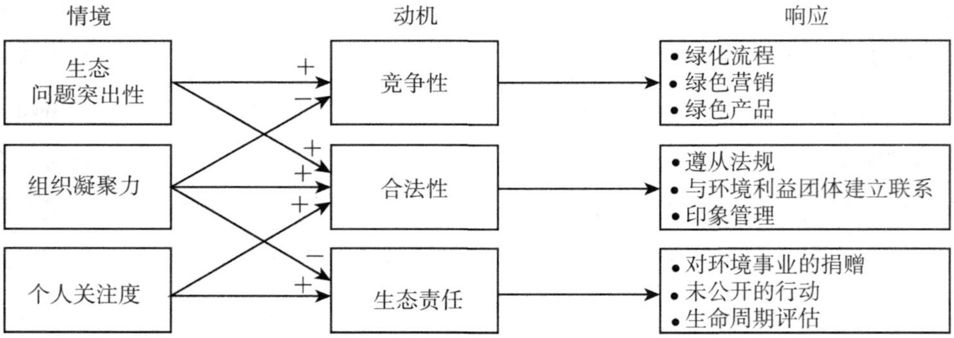

图 2-1 企业生态响应模型

资料来源：参考 Bansal & Roth(2000)中的图2绘制所得。

自 Bansal & Roth(2000)首次提出企业生态响应模型后，相继有研究试图构建类似的模型。如 Bossle et al. (2016)回顾了35篇与生态创新(eco-innovation)动机相关的文献，总结出企业进行生态创新的内外部驱动因素(drivers)和动机(motivations)，发现监管压力是主要的驱动因素，包括利益相关者的压力和更严格的法律法规(Berrone et al., 2013; Horbach, 2008)。但是，还有许多其他因素，如规范压力和市场需求，也可作为生态创新的重要外部因素(Oltra & Jean, 2009)，其中，需求包括来自供应商、消费者、竞争对手、非政府组织、研究中心和金融机构的需求(Beise & Rennings, 2005; Gauthier & Wooldridge, 2012)。考虑到生态创新的系统性和复杂性，合作对生态创新的刺激作用同样受到关注，如企业与其他企业、客户、分销商、供应商的合作等都提高了企业进行生态创新的可能性(Geffen & Rothenberg, 2000; Verghese & Lewis, 2007)。除上述外部压力，Bossle et al. (2016)还总结了可以触发企业生态创新的内部因素，包括效率、环境体系认证、环境管理关注、环保领导力、环保文化、环保能力和人力资源等方面。

基于对生态创新的驱动因素和动机的相关文献的深入分析，Bossle et al. (2016)提出了企业生态创新驱动因素和动机概念模型(见图 2-2)。在该模型中，Bossle et al. (2016)提出外部因素和内部因素会共同影响生态创新的采用，且外部因素也会影响内部因素进而影响生态创新的采用，最终导致企业获得良好的经济和环境绩效。Bossle et al. (2016)认为该模型有助于更好地了解企业采用生态创新的动态变化，并作为企业采取更可持续行为的指南。了解创新的动机可以帮助政策制定者指导和预测公司的行为，并开发政策工具来诱导企业进行更多的环

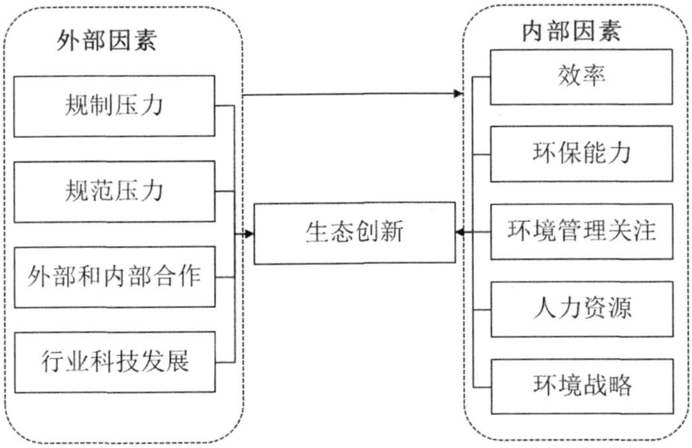

图 2-2 企业生态创新内外部驱动因素和动机的概念模型

资料来源：参考 Bossle et al. (2016)中的图 4 绘制所得。

境管理。此外，Bossle et al.（2016）指出虽然企业对外部因素的控制最少，但如果企业在内部因素（如环保能力、环境管理关注、人力资源和环保战略）的驱动下进行生态创新，将可以引导企业转向更可持续的发展（Bossle et al.，2016）。然而，Bossle et al.（2016）所构建的企业生态创新驱动因素和动机概念模型，将驱动因素和动机混为一谈，并未进行明确区分。并且，动机是激发企业绿色创新的根本动力，而有些驱动因素只是有利于促进企业更多地进行绿色创新，而非根本动力。

在国内关于企业绿色创新动机的研究中，陈效林和施建军（2012）在 Bansal & Roth（2000）提出的三个动机的基础上，加入了对企业声誉动机的理论分析。企业良好的声誉可以使其获得利益相关者的认可，这对企业的生存至关重要，因此，企业可以通过一些绿色活动来提高企业的声誉（陈效林和施建军，2012）。除此之外，陈效林和施建军（2012）基于利益相关者理论讨论了企业内外部不同利益相关者对企业环保响应动机①的影响，发现外部利益相关者对合法性、竞争力和声誉动机都有较为直接的影响，而内部利益相关者对生态责任动机有更直接的影响。张台秋等（2012）结合合法性理论和自然资源基础观，构建了转型经济下企业绿色战略实施的动因和权变因素模型。在该模型中，企业实行绿色战略的动机主要包括利益性动机、规制性动机和道德性动机。其中，利益性动机主要是指企业为获得更高的经济效益和可持续的竞争优势而实施绿色战略；规制性动机主要表现为企业为获得合法性而被动采取绿色战略以满足环境法规的要求；道德性动机主要是指企业主动采取合乎道德的绿色战略以获得政府和其他利益相关者的支持和合作。张台秋等（2012）所提出的企业绿色战略动机（包含规制性动机、利益性动机和道德性动机）与 Bansal & Roth（2000）提出的生态响应动机（合法性、竞争力和生态责任）是比较一致的。

基于已有研究，陈力田等（2018）认为现有研究缺乏对企业绿色创新行为动因中的趋利动因和伦理动因是否存在协同关系的探讨，同时，鲜有文献研究企业在响应多重制度压力时，企业绿色创新响应行为的优先等级。针对前者，陈力田等

① 类似 Bansal & Roth（2000）的生态响应，本书认为陈效林和施建军（2012）对企业环保响应的定义也包含了企业进行绿色创新这一行为，因而也适用于对企业绿色创新动机的分析。

(2018)提出单一的伦理动因比单一的趋利动因更能引发企业绿色创新行为，并且秉承混合的趋利和伦理动因更能引发企业绿色创新行为。这是因为秉承伦理动因的企业与秉承趋利动因的企业相比，更会采用具有前瞻性的环境战略，有助于企业全方位、全系统地获取和配置资源来进行绿色创新；而秉承混合动因的企业相比单一动因的企业对绿色创新行为的引发有更广泛和更深层的影响。针对后者，陈力田等(2018)认为秉承伦理动因的企业会认同来自政府的规制压力并将规制压力视为企业的机会，而秉承趋利动因的企业会将规制压力视为对其生存的威胁，因此秉承伦理动因的企业将会更积极地进行绿色创新响应。类似的，秉承伦理动因的企业相比于秉承趋利动因的企业更会将来自市场的规范压力视为机会，通过构建市场知识来选择绿色创新的产品类型，进而更有效地回应规范压力。基于上述分析，陈力田等(2018)构建了企业绿色创新响应的理论框架(图2-3)，与先前的研究有所不同，该绿色创新响应框架首次提出了混合动因相比于单一动因对企业绿色创新的影响，并且详细探讨了规制压力和规范压力会如何调节单一动因和混合动因对企业绿色创新的影响，为未来研究企业绿色创新混合动机的影响奠定了基础。

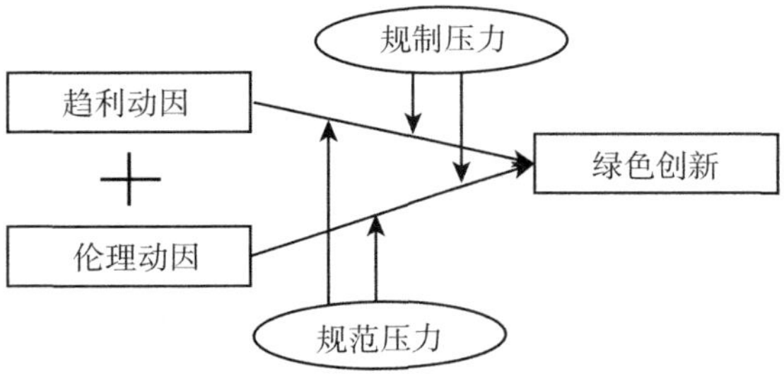

图2-3　企业绿色创新响应的理论框架

资料来源：参考陈力田等(2018)中的图1绘制所得。

由此可以看出，继 Bansal & Roth(2000)首次系统提出企业进行生态响应的动机模型后，鲜少有研究详细地分析每一个动机在关键维度上的差异，以及外部环境情境会如何影响企业生态响应的动机。上述文献中，张台秋等(2012)从理论上陈述了利益性动机、规制性动机和道德性动机对企业绿色战略的促进作用，但缺乏验证；Bossle et al.（2016）所构建的模型没有将企业生态创新的驱动力和动机进行明确区分；陈力田等（2018）所构建的动机模型不够完善，只描述了趋利动因和伦理动因对企业绿色创新行为的影响，缺乏探讨其他可能的动机。综上所述，Bansal & Roth（2000）所构建的生态响应动机模型为未来探索企业生态响应或绿色创新动机的研究奠定了坚实的理论基础。因此，本书也将依据 Bansal & Roth（2000）提出的竞争力、合法性和生态责任三大动机对相关的理论和实证文献进行一一回顾。

2.2.2　关于合法性动机的研究

按时间顺序分析企业绿色创新动机的文献表明，企业进行绿色创新是希望满足利益相关者的期望并取得他们在资源、行动和情感上对自己的支持（徐建中，等，2017；于飞，等，2021）。那么企业究竟为何想要获得利益相关者的认可和支持呢？究其原因是因为企业是生存在一个社会网络中而不是独立存在的，企业要想生存必须和外界保持资源的交换，而这些资源来源于不同的利益相关者（陈扬，等，2012）。同时，企业若不遵守来源于不同利益相关者施加的强大压力，可能会面临收入损失、声誉受损甚至失去经营许可证的困境（Oliver，1997；Pfeffer & Salancik，1978）。因此，对于企业来说，获取合法性是其生存发展的首要和必要条件。

目前，大量文献是依据合法性的类型来研究不同合法性动机对企业绿色创新的影响。不少学者根据 Scott（1995）提出的规制合法性、规范合法性和认知合法性的分类来研究合法性。规制合法性是建立在强制性惩罚基础上的合法性，主要来源于国家立法机构的惩罚，如通过政策和法令限制组织的行为，并有权利承认或否认组织在其行政管辖范围内的存在（Scott，1995；陈扬，等，2012；Berrone et al.，2013；于飞，等，2021）。在环境政策方面，各国政府主要通过制定相关法律法规设定污染物排放标准、监督污染物排放量、对过量污染物排放收取排污费等方式，旨在改善企业组织的污染物排放问题。企业在这种政策背景下，会出于自身利益的考虑，也就是出于获得规制合法性这一动机而被动地采取绿色创新行动以避免受到利益相关方的处罚和制裁（Bansal & Roth，2000；徐建中，等，2017；于飞，等，2021）。一些学者从新制度理论的视角间接验证了企业积极开展绿色创新活动是出于规制合法性动机。Berrone et al.（2013）对来自美国污染行业的326家上市公司的研究表明规制压力会显著促进企业进行绿色创新。此外，Berrone et al.(2013)详细叙述了为什么绿色创新的代价高昂且财务回报具有高度的不确定性，企业依旧会在规制压力的作用下进行绿色创新。这是因为企业开展绿色创新不仅可以帮助其提高合法性还可以避免因不遵守环境规制而受到的惩罚，如更严格的环境监管或旷日持久的法律诉讼。在此基础上，Bossle et al.(2016)发现企业绿色创新的动机是多元化的，其中来自政府的监管压力是企业为了获得合法性而进行绿色创新的主要驱动力。类似地，李怡娜和叶飞(2011)和于飞等(2020)都发现政府通过强制性的环境规制手段对企业施加合法性压力，促使企业加强开展绿色创新活动。更进一步地，徐建中等(2017)和于飞等(2020)发现规制压力对企业绿色创新的促进作用有一定的时效性。具体来讲，徐建中等(2017)认为企业在面对规制压力时只会短暂地利用有限的资源进行绿色创新活动来获得必要的合法性，但是却没有充足的资金和能力进行持续的绿色创新活动。换言之，企业短暂的绿色创新活动只是为了获得合法性的权宜之计。于飞等(2020)却持有略为不同的观点，认为规制压力对绿色创新的促进作用随着时间的推移而逐渐减弱是因为企业在前期已经投入了足够的资源进行绿色创新并获得了良好的污染物减排效果，企业在后期已经不需要再投入资源来进行绿色创新，只需要依靠末端的污染治理就可以获得合法性。

规范合法性是建立在对社会价值观和社会规范遵从基础上的合法性，主要来源于行业协会、环保组织等专业组织制定的行为规范和准则以及企业供应商和消费者需求对企业产生的合法性压力(陈扬，等，2012；于飞，等，2021)。陈扬等(2012)认为与组织追求规制合法性显著不同的是，组织追求规范合法性更多的是一种利他行为，此时组织是将自身置于整个系统中来考虑并试图扮演好自己的角色，而不是单纯地追逐自己的利益。由于规范合法性压力来源于不同的组织，因而已有文献多从不同角度来分析规范合法性对企业绿色行为的影响。首先，一部分研究强调非政府组织(如环保组织和行业协会)在规范压力中扮演的重要作用。已有研究发现环保组织不仅可以通过制定自愿标准，如全球报告倡议①，推动企

① 全球报告倡议是由美国非政府组织和联合国环境规划署联合倡议，通过发布和修订《可持续发展报告指南》来提高可持续发展报告的严谨度、实用性和可信度。

业开展的绿色活动超过最低监管要求，还可以通过调动资源，行使其发言权，引导和协调激进主义团体和社会运动倡议(Reid & Toffel，2009)。因此，面对环保组织无处不在的压力，企业积极地开展绿色创新实践是出于其规范合法性动机。Berrone et al. (2013)详细地解释了为什么企业在面对来自环保组织的外界压力时，只能依靠绿色创新活动而不是简单的、浮于表面的绿色活动获得合法性。因为环保组织通常都对环境问题非常了解和精通，因而不会对隐性的不可见的企业绿色行为感到满意，企业因此也无法通过参与象征性的绿色活动而获得合法性。而企业的绿色创新活动表明企业正在努力达到或超过当前的监管要求，标志着企业对减少污染物排放的长期承诺，因此会获得环保组织的认可和支持(Berrone et al.，2013)。已有研究通过实证研究发现企业为了获得来源于非政府组织的规范压力而积极开展绿色创新活动(Berrone et al.，2013)。其次，一部分研究认为消费者需求作为规范压力中至关重要的一种，会驱动企业积极开展绿色创新活动(Zhu & Sarkis，2007；李怡娜和叶飞，2011；徐建中，等，2017)。随着社会环保意识的增强，消费者一方面对绿色创新产品需求和支付意愿不断增加，另一方面会抵制对环境不友好的企业，企业因此会为了迎合消费者的需求和获得环保道德合法性和产品绿色合法性而不断加强对绿色创新方面的研发投入(徐建中，等，2017；Zhang & Zhu，2019)。当前文献中对来源于客户需求的规范压力对绿色创新的影响得到了不尽相同的结论。一些国内外的研究(Horbach，2008；曹洪军，等，2017；Zhang & Zhu，2019)都发现消费者的绿色需求对绿色产品创新有显著的促进作用。然而，也有一些研究(李怡娜和叶飞，2011；Cuerva et al.，2014)并没有发现消费者施加的规范压力会对绿色创新有显著的促进作用。李怡娜和叶飞(2011)认为该结果可能的原因是当时国内消费者的收入较低，没有足够的消费能力支付较为高昂的绿色产品。Cuerva et al. (2014)解释造成该结果可能的原因是他们的研究样本主要是西班牙当地小型食品企业，而这些小型食品企业更关注的是过去消费者的喜好，而不关注未来的消费变化。

认知合法性是建立在组织对场域内的信仰体系和文化框架整体认知和共同理解基础上的合法性(陈扬，等，2012)。与规制合法性和规范合法性显著不同的是，认知合法性更倾向于为一种内生性的合法性，是组织在受到场域内信仰体系和文化框架等制约时，主动地将其内化于组织并最终成为其认知范式(Meyer &

Rowan, 1977; 陈扬, 等, 2012)。除上述的不同之外, 认知合法性相较于其他合法性的来源更为抽象。也正是由于认知合法性来源的特殊性, 组织在面对认知合法性压力时, 更会采取模仿行为来获得合法性(陈扬, 等, 2012; 于飞, 等, 2021)。具体来讲, 当行业内标杆企业通过积极采取绿色创新实践来试图构建该行业的行为方式脚本, 并在无形中给行业内其他企业造成认知合法性压力时, 行业内其他企业会通过采取类似的行为脚本来降低其组织环境中的不确定性水平, 如积极开展绿色创新活动以获得合法性并避免竞争优势的丧失(徐建中, 等, 2017)。一些学者同样试图从新制度理论的视角来间接验证企业通过模仿行业标杆企业来开展绿色创新实践是出于认知合法性动机。Zhu & Geng(2013)发现来自行业间的模仿压力会显著促进企业向行业标杆企业学习节能减排措施。而对于模仿压力对企业绿色创新的时效性, 不同的学者持有不同的观点。徐建中等(2017)通过对中国 A 股和 B 股上市企业的调查问卷结果进行实证分析, 发现来自同行的合法性压力与企业绿色创新活动呈倒 U 形关系, 并解释该结果可能的原因是企业缺乏足够的资源和能力进行持续的绿色创新活动, 因而企业为追求稳定的合法性而进行的绿色创新活动会呈现先上升后下降的趋势。Dai et al. (2015) 和于飞等(2021)则认为模仿压力不会随着时间的推移而减弱, 因为企业必须持续地关注和跟踪行业标杆的绿色创新活动, 并通过模仿其成功的绿色创新行为来维持自身相对稳定的合法性以及避免自身竞争优势的丧失。并且, Dai et al. (2015) 和于飞等(2021)通过实证研究发现来自行业竞争者和标杆企业的压力会显著地促进企业开展绿色创新活动。

2.2.3 关于竞争力动机的研究

企业获得竞争优势是企业在激烈的竞争环境中保持可持续发展的基础和关键。企业为保持可持续发展会积极地采取行动以提升竞争力, 而开展绿色创新活动就是提升企业竞争力的重要方式之一。Apak & Atay(2015)就通过研究发现绿色创新技术被认为是企业寻求在全球市场上获得国际竞争力的重要步骤。同时, 已有大量研究表明企业的绿色创新行为可以帮助企业获得竞争力并显著地促进企业获得竞争优势(如 Hart, 1995; Kemp & Horbach, 2008; Dong et al., 2014; 王娟茹和刘娟, 2020)。Hart(1995)率先提出企业可以通过实施污染预防和产品管理战略①，也就是可以通过绿色工艺和产品创新来获取竞争优势。并且，Hart(1995)认为绿色工艺创新侧重于技术和流程升级，因此主要是通过提高生产效率和降低成本为企业获得竞争优势；而绿色产品创新侧重于开发绿色产品，因此主要通过产品差异化和抢占市场先机为企业获得竞争优势。类似地，许多学者认为企业绿色创新活动对其竞争优势的影响因绿色创新类型而异，如 Kemp & Horbach(2008)和 Dong et al.(2014)发现绿色产品创新相比于绿色工艺创新，对企业的竞争力和市场知名度都有更显著的促进作用。王娟茹和刘娟(2020)将绿色创新分为探索性绿色创新和利用性绿色创新，并发现无论是什么类型的绿色创新都会对企业竞争优势的三个维度(客户优势、技术优势和财务优势)产生显著的促进作用。由此可见，企业进行绿色创新的主要动机之一就是竞争力动机，企业期望通过开展绿色创新行动来提升企业竞争优势，进而使企业获得长期收益。

竞争力动机因主观性等特征而难以被精确测量，所以大多学者试图通过研究市场竞争对企业绿色创新的驱动作用来间接证明竞争力动机的存在。在理论研究方面，各国学者对市场竞争程度对企业创新的影响持有不同的观点。如率先提出创新理论的学者 Schumpeter(1942)以及 Gilbert & Newbery(1982)认为垄断企业会比竞争企业进行更多的创新，因为垄断企业一方面可以通过市场支配力促使技术和产品创新获得更多的收益；另一方面创新活动需要大量的资金支持，而垄断企业拥有更多的资源和超常利润。Arrow(1962)和 Porter(1990)则持相反的观点，认为市场竞争越激烈，竞争企业更会为了生存和获得更多的利润而进行创新活动，而垄断企业的创新动力却明显不足。Borsatto & Amui(2019)也指出，企业所处的竞争力水平是影响开发和采用创新(包括环境创新)决策的主要因素，在市场压力下，尤其是竞争激烈的市场压力下，创新是公司与竞争对手之间差异化的一个重要因素。Aghion et al.(1997)则通过构建模型发现市场竞争程度和企业创新呈倒 U 形关系，即在市场竞争程度适中的时候企业的创新投入最多，因为过度的竞争和垄断都会促使企业的创新动力减少。基于上述的这些研究，Lambertini

① Hart(1995)所说的污染预防战略是指企业通过改进工艺流程和采用可循环材料来减少污染物排放，与在第 2.1.2.2 节中提到的绿色工艺创新的概念相近。同时，Hart(1995)提到的产品管理战略是指企业通过技术改进使产品在其生命周期的每个阶段都对环境的污染和危害最小，这个概念也与在第 2.1.2.2 节中提到的绿色产品创新的概念相近。

et al. (2017)首次提出了市场竞争与绿色创新活动之间的关系，并验证了在寡头竞争的微观经济环境中竞争与绿色创新之间存在倒U形关系。

在实证研究方面，Hojnik & Ruzzier(2016)发现市场竞争促使企业开展绿色工艺创新以提高其市场地位(即通过采用高效的工艺流程获得市场份额和竞争优势)和维持其绿色形象。Nesta et al. (2014)试图探究在不同的市场竞争水平下，环境规制是否会影响绿色创新。根据欧盟各国自1970年后的可再生能源政策、竞争程度和绿色专利的信息，Nesta et al. (2014)通过实证研究发现在可再生能源等新技术领域，市场竞争对绿色创新有显著的促进作用。类似地，Dai et al. (2020)主要研究竞争是否会影响企业对严格环境政策的战略反应，并发现当美国企业对更严格的环境政策做出响应时，市场竞争会促进企业绿色创新。Dai et al. (2020)解释该现象的原因在于环境规制经常会对企业产生不利的影响，尤其是对于处于竞争激烈市场的企业而言，因此这些企业更会受到激励，将绿色创新作为一种差异化战略以获得优于竞争对手的竞争优势，进而降低监管负担。在国内的研究中，程宣启和朱军生(2015)通过利用重污染行业上市公司的面板数据发现市场竞争与企业绿色创新之间呈倒U形关系。与Nesta(2014)和Dai et al. (2020)的研究目标相类似，于飞和苏彩云(2020)也主要研究环境规制、行业竞争以及二者的两个交互作用对企业绿色创新的影响。但是对环境规制和行业竞争交互作用对绿色创新的影响机制，于飞和苏彩云(2020)与Dai et al. (2020)的理解不同，他们认为在高竞争程度行业，低规制压力对企业绿色创新的促进作用更大；而在低竞争程度行业，高规制压力对企业绿色创新的促进作用更大。这是因为当企业处于低竞争度的行业时，企业缺乏足够的动机进行绿色创新活动，而只有当环境规制压力对这些企业产生较强的约束作用并威胁到它们的生存时，企业才会有足够的动力开展绿色创新活动(于飞和苏彩云，2020)。

2.2.4 关于生态责任动机的研究

企业的生态责任动机主要出于企业期望并自愿履行其对生态环境的责任。在已有关于企业绿色创新动机的探索中，大多学者发现生态责任是企业绿色创新这一生态响应行为重要的内在动机，并且能够促进企业绿色创新活动的增加(Eiadat et al.，2008；Chang，2011；姜雨峰和田虹，2014；Hojnik & Ruzzier，2016；

Kraus et al.，2020；Pan et al.，2020）。Eiadat et al.（2008）发现企业绿色创新战略的实施与企业对环境的关注息息相关。Chang（2011）、姜雨峰和田虹（2014）在探索企业生态责任和环境伦理①对其竞争优势的影响时，发现绿色创新在其中起到正向的中介作用，也就是企业生态责任和环境伦理通过促进企业绿色创新活动进而使企业获得竞争优势。Hojnik & Ruzzier（2016）在探索企业绿色工艺创新的驱动力时，发现企业对环境的关注会显著影响企业是否开展绿色工艺创新活动。Kraus et al.（2020）利用马来西亚 297 家制造业企业数据，调查企业社会责任对环境绩效的影响，其认为由于对环境问题的日益关注，企业社会责任已经从专注于追求经济利益转变为致力于对环境的改善。Kraus et al.（2020）借助结构方程模型分析发现，企业社会责任通过推动企业实施环境战略和开展绿色创新活动来提升企业的环境绩效。与 Kraus et al.（2020）的研究相类似，Padilla-Lozano & Collazzo（2021）也试图研究企业社会责任（包括生态责任）对绿色创新的推动作用，以及企业社会责任和绿色创新在新兴市场背景下对提高制造业企业竞争力的相互作用。Padilla-Lozano & Collazzo（2021）通过对厄瓜多尔制药业的调查问卷进行实证分析，发现企业社会责任会促进企业绿色创新活动的提升，进而提升企业的竞争优势。与之前的研究都有所不同，Pan et al.（2020）从企业三重底线②视角，将企业社会责任分为三个维度（经济责任、社会责任和生态责任维度），将生态创新分为两个维度（污染预防创新和可持续环境创新维度），全面探究企业社会责任与生态责任的关系。Pan et al.（2020）发现生态责任与污染预防创新呈正向关系，而与可持续环境创新呈 U 形关系。Pan et al.（2020）认为该结果产生的原因在于企业履行生态责任是试图缓解人类与环境之间的紧张关系并减轻生态足迹以实现可持续发展，而污染预防创新相比于可持续发展创新的创新风险更小，收益更加确定，对将环境承诺纳入短期或长期战略的企业极具吸引力。然而，可持续环境创新的过程不仅需要大量的资源投入，还需要企业在生产过程、组织文化和组织架构上的变革，因此，当企业想要履行生态责任的程度较低时，则进行可持续创

① 姜雨峰和田虹（2014）认为企业环境责任和环境伦理的区别在于环境责任更多地代表的是企业被动的环境行为，而环境伦理则更多地代表的是企业主动的环境行为。

② 三重底线指经济底线、社会底线和环境底线，意指企业必须履行最基本的经济责任、社会责任和环境责任。

新的可能性较低；而当企业想要履行生态责任的程度较高时，企业愿意承担更多的不确定性，也就是愿意进行风险更大的研发创新活动和更长期的环境投资(Pan et al.，2020)。除此之外，Pan et al.(2020)还发现企业经济责任和社会责任在企业生态责任和污染预防创新之间起到正向的调节作用。这是因为企业履行经济责任可以为由生态责任主导的项目提供足够的资金支持，而企业履行社会责任(如员工参与)可以通过建立对环境价值的认识和承诺以及提高员工的绿色技术和管理技能为企业的环境项目提供补充资源，这些都能促使企业积极履行环境承诺的能力和意愿的提升(Pan et al.，2020)。

还有一些研究提出企业生态责任在环境规制与绿色创新之间起到关键的桥梁和纽带作用，并且验证了生态责任对绿色创新的促进作用。刘光富和郭凌军(2019)认为环境规制会推动企业主动承担生态责任，而企业履行生态责任时会加大资金和资源投入，有助于企业开展绿色创新活动。通过对上海制造业企业的调研，刘光富和郭凌军(2019)发现环境规制能够通过激励企业履行生态责任，促进企业绿色创新活动的增加。更进一步地，张宏和聂嘉仪(2021)基于Porter & Kramer(2006)的研究，将生态责任分为反应型生态责任和前瞻性生态责任。其中，反应型生态责任是指企业通过适应利益相关者不断变化的要求来减轻商业活动对环境产生的不利影响；前瞻性生态责任代表的是企业主动采取与其竞争者显著不同的绿色策略和行动(张宏和聂嘉仪，2021)。通过实证研究，张宏和聂嘉仪(2021)发现环境规制对前瞻性生态责任的促进作用强于反应型生态责任，并且只有前瞻性生态责任会显著地推动企业开展绿色创新活动。

2.2.5 关于政治动机的研究

在我国特殊的经济制度背景下，由于市场制度等方面的不完善，政治关联通常被视为一种替代机制(田利辉和张伟，2013；宋增基，等，2013；王军会，2019)。对于先天处于“劣势”地位的民营企业，为获取相关的政治资源以保证企业的长远发展，民营企业对政治关联的建立与巩固意愿更为迫切与主动。相对应地，对于国有企业，由于其高管的“准官员”身份，潜在的政治晋升激励的效用价值更高，高管谋求政治晋升的动机更强。简言之，民营企业的政治激励通常体现于与政府建立或维持政治关联。对于国有企业而言，其政治激励则通常体现为高管追求政治晋升。

目前，大多数关于政治激励的研究集中在政治激励对企业绩效（Fisman，2001；Cao et al.，2019；田利辉和张伟，2013；唐松和孙铮，2014；Conyon et al.，2015）、企业投资（张兆国，等，2014；倪娟，2018；沈宇峰和徐晓东，2019）和企业创新行为（党力，等，2015；Su et al.，2018；Tsai et al.，2019；Zhang et al.，2019b；熊家财和桂荷发，2020；詹浩澜和张昕颖，2021）等方面的影响。其中，关于政治激励对企业创新行为影响的研究结论不尽相同。多数学者认为政治关联或政治晋升方面的因素具有一定的政治激励作用，对于企业的创新行为有显著的积极效应（Su et al.，2018；Tsai et al.，2019；周铭山和张倩倩，2016；熊家财和桂荷发，2020）。Fisman（2001）将政治关联视为一种政治资源，认为良性的政治关联可以为企业的创新行为提供持续的保障，缓解资源约束的压力，包括融资、税收和管制壁垒等（田利辉和张伟，2013）。Su et al.（2018）和Tsai et al.（2019）同样发现政治关联往往比非政治关联更有利于促进企业的创新行为，而且政治关联度越强对企业的创新具有越大的贡献。对于国内的企业，周铭山和张倩倩（2016）基于上市国企数据，研究发现高管的政治晋升激励能有效提高企业的创新行为，而且这种政治激励也真正提高了创新的价值，并非徒有“面子工程”。熊家财和桂荷发（2020）采用PSM方法探索了政治关联对企业创新的影响，发现具有政治关联的企业往往拥有更多的发明，表明政治关联有助于促进企业创新。吴丽君（2019）同时考虑了国有企业和民营企业的高管政治激励对创新行为的影响，发现二者均能显著促进企业的创新行为。在此基础上，吴丽君（2019）分别考虑了高质量的实质性创新行为和相对低质量的策略性创新行为，研究发现国有企业的政治激励能显著促进实质性和策略性创新，而民营企业的政治激励仅对策略性创新行为有显著的积极作用。

但是，也有一些研究得出了不同的结论，认为政治激励对企业创新行为的效果并不显著，甚至是负面的（罗明新，等，2013；袁建国，等，2015；任天龙，2018；Han，2019）。从资源禀赋角度看，政治关联是企业的一种重要资源（Leuz & Oberholzer-Gee，2006；Boubakri et al.，2008；Lin et al.，2014），为享有这种资源，企业会倾向于利用更多的资源去建立并维系这种关系（Holburn & Bergh，2008），这就会分散或挤占企业有限的创新资源，并承担高额的寻租成本（袁建国，等，2015；任天龙，2018），而且丰富的政治资源也可以为企业带来绩效的提升，从而削弱企业创新的动力。由于这些原因，政治关联的建立或存续以及潜在政治晋升机会反而对企业的创新有一定的负面效应。如罗明新等(2013)以创业板上市企业为样本，通过实证检验发现企业的政治关联对技术创新行为存在负面影响。袁建国等(2015)在考察我国企业的政治资源诅咒现象时发现政治关联会抑制企业的创新行为。任天龙(2018)则以国有企业为例，发现高管的政治晋升激励对企业的技术创新也具有显著的负向作用。类似地，Han(2019)也发现企业高管的政治偏好是影响企业创新的重要因素，而且具有政治关联的企业的创新水平往往较低。

由于国家宏观经济政策对环境保护、生态文明建设和创新发展的日益重视，为了实现企业自身的政治诉求，企业在这些方面往往更可能表现出较大的政治迎合倾向，这也激发了企业进一步采取在环境保护方面表现出色的绿色创新行为的动力。在学术界，政治激励与企业绿色创新的研究也逐渐得到了重视，但是，在已有的政治激励与企业创新的研究中，仅有限的研究探讨了政治激励与企业绿色创新的关系。根据已有研究，二者关系也尚未得到明确的结论，政治激励对企业绿色创新的影响可能是把双刃剑。从企业利用政治关联来促进与政府的合作和创新的角度出发，一些研究认为政治关联能有效激发企业的绿色创新行为(Li et al.，2018；Tsai & Xu，2018)。拥有政治关联的企业往往比没有政治关联的企业更容易受益(Li et al.，2018)，而持续的绿色创新成本较高，这正可以是政治关联发挥作用之处。因此，有政治关联的企业相对更倾向于绿色创新。Zhang et al.(2019)和 Huang et al.(2021)研究发现，企业高管有政治背景且政治关联度越强越能够促进企业的绿色创新活动，同时比较了与中央、地方政府相关的企业高管对绿色创新的影响，发现与中央政府有政治关联比与地方政府相关联更能激发企业绿色创新的动力，这是因为与中央政府有政治关联的企业更具备“明星效应”这样的强信号。Latupeirissa & Adhariani(2020)基于以印度尼西亚为代表的新兴市场，发现了政治关联对企业的绿色创新有积极的影响，而且政治关系越紧密，绿色创新的水平越高。于建平(2020)研究了我国重污染企业的绿色创新行为，发现高管的政治关联对重污染企业的绿色创新具有显著的正向影响，这可能是政治关联的存在有利于企业及时获得相关的信息资源并抢先作出响应，从而降低一定的创新风险，提高创新效率。李杰和陈子钰(2020)同样发现了政治关联对企业绿色创新的积极效应，而且该效应在污染企业和国有企业以及西部地区的企业中更为显著。从企业利用政治关联来避免违规以及维系关系的成本等角度出发，有些研究认为政治关联会削弱企业绿色创新的动力(Lin et al.，2014；Latupeirissa & Adhariani，2020)。Lin et al. (2014)认为政治关联就是企业的政治资本，代表了企业与政府之间的密切关系。同时，Lin et al. (2014)将绿色创新细分为绿色产品创新和绿色流程创新，发现政治关联同时抑制了企业绿色产品和流程创新的动力，即对二者具有显著的负面作用，原因是政治关联带来的补贴、免税、规避法规等资源可能会削弱企业通过绿色创新来应对环境问题的动力，从而导致企业的创新效率低下。

综上所述，政治动机是否能成为企业绿色创新的动力仍存在争议，学者们得出了相互矛盾的结果。目前较多的研究认为政治激励是企业绿色创新的动力之一，还有一些研究认为政治激励非但不是企业绿色创新的动力，反而成为阻力。

2.3 企业绿色创新结果的研究综述

2.3.1 企业绿色创新与绩效关系的研究综述

20世纪中期以来，人类从自然界获取的资源愈加超出自然界的再生能力，污染物排放也远超环境容量，各类环境事件频发，出现了全球性的资源耗竭和严重的环境污染与破坏现象，引起了社会对良好生态环境的迫切需求。在此背景下，各国政府都开始积极采取环境管制措施，企业不得不开始重视环境问题，尝试从“灰色”生产者转向“绿色”生产者。环境政策的实施无疑会给社会带来巨大的环境收益，但是从企业的角度来看，企业在进行绿色响应时需要考虑绿色行为的效益问题，能够给企业带来良好的绩效才是该绿色行为成为可持续的重要条件。为此，学者们开始对企业是否值得采取各类绿色响应行为展开了研究，其中包括探讨绿色创新行为与企业绩效二者的关系。

2.3.1.1 绿色创新对企业绩效的积极影响

较多的研究认为绿色创新对企业的绩效有积极作用。以 Porter & van der Linde 为代表的学者提出的波特假说(Porter, 1990; Porter & van der Linde, 1995)认为污染通常是对资源的浪费，减少污染可能会提高资源使用的生产力，绿色创新就是通过提高资源效率等方式来抵消因需要遵守政策要求等而带来的成本，从而有效提高企业的业绩。Jaffe & Palmer(1997)将波特假说进一步分解，其中的强波特假说的第二部分就是强调了绿色创新行为可以为企业带来良好的绩效。在实证方面，有不少研究结论与假说相一致。企业在环境管理方面的努力不仅仅能减少排污，而且对企业经营绩效的多方面有关键和积极的影响(Melnyk et al., 2003)。Eiadat et al. (2008)根据约旦的企业样本，研究发现创新投资和污染物减排等绿色创新战略能够显著促进企业经营方面的业绩，具体表现在销售增长、市场份额和投资回报等方面。同样的，Agan et al. (2013)在企业的长期利润、企业形象和竞争优势方面得出了类似的结论。Li(2014)和 Shu et al. (2020)均研究发现绿色创新实践可以给企业带来良好的效益，而且前者还发现绿色创新实践对财务绩效的影响受到了资源承诺水平的调节，随着资源投入的增加，绿色创新实践所产生的财务绩效会更好。Rodríguez-González et al. (2022)同样发现绿色创新的实施对财务绩效水平具有显著的积极影响。Guo et al. (2020)从资源基础观点和社会网络理论出发，发现绿色创新可以显著提升企业的经济绩效，而且绿色创新在一定程度上调节了环境伦理与企业经济绩效之间的关系。Cai & Li (2018)以及 Salim et al. (2019)研究关于绿色创新的实施时，发现绿色创新行为可以显著提高企业的环境绩效，并通过环境绩效间接地促进企业的经济绩效，从而支持波特假说。而且，实施绿色创新的企业不仅盈利水平相对会更高，面临的财务风险敞口也可能更低(Przychodzen & Przychodzen, 2015)。

国内关于企业是否值得绿色化的研究成果中，张小军(2012)根据调查问卷分析发现，绿色创新战略有助于企业经济绩效和财务绩效的提高。江旭和沈奥(2018)结合对 246 家企业的问卷，研究发现绿色管理实践的实施同样有利于企业绩效的提升。然而，不少研究仅宽泛地考虑了减少污染物排放、资源效率提升等企业的各项绿色实践行为，但是并未单独考虑企业的绿色创新行为对企业绩效的影响。在此基础上，孙丽文等(2019)和李杰义等(2019)也基于调查问卷，进一步证明了绿色创新对企业绩效有显著的提升效应。而且，刘明广(2021)研究发现，无论从哪种维度考虑绿色创新，其对企业绩效始终存在显著的正向影响。

在此基础上，部分学者进一步探讨了不同的绿色创新类型对企业绩效的影响。绿色创新的种类包括绿色产品创新、绿色流程创新以及绿色组织创新等(OCED，1997；Klassen & Whybark，1999；Chen et al.，2006；Horbach，2008；Albort-Morant et al.，2016；Song & Yu，2018)，企业绩效可能会直接或间接受到绿色产品创新、绿色流程创新和绿色组织创新的影响(Cheng et al.，2014)。如，Hojnik & Ruzzier(2016)重点探讨了绿色流程创新，发现绿色流程创新对企业的绩效有积极的影响，尤其是在企业成长、盈利能力和竞争优势方面具有显著的促进作用。解学梅等(2019)和解学梅等(2020)同样关注了绿色流程创新，分别发现绿色流程创新能够显著提高企业的财务绩效和环境绩效。Wong(2012)、Tang et al.(2018)以及 Qiu et al.(2020)同时考虑了绿色产品创新和绿色流程创新，发现二者均有效改善了企业的财务绩效。类似地，Ziegler et al.(2007)和 Huang & Li(2017)分别基于欧洲和中国台湾地区的企业数据，通过实证发现企业在产品和流程方面的绿色创新均能显著提升企业的环境绩效水平。Singh et al.(2020)则重点关注了阿拉伯联合酋长国的 669 家制造业中小型企业，对企业高管的调查问卷分析后，同样发现绿色产品创新和绿色流程创新均对企业的环境绩效有显著且正向的影响，而且绩效的大小取决于绿色创新的质量。

2.3.1.2 绿色创新对企业绩效的消极影响

然而，部分研究显示绿色创新会给企业绩效带来不利的影响。从理论上看，以新古典经济学为代表，人们对环境保护持传统的看法，认为绿色创新这类对环境保护的投入行为只会是给企业带来额外的成本和负担，削弱企业的竞争力，而不是缓减企业财务压力甚至给企业带来收益的一种绿色行为，企业并不愿意采取绿色创新来应对环境问题(Rennings，2000；Ambec & Lanoie，2008)。一些研究从实证角度证实了绿色创新对企业绩效的负面效应。Jaggi & Freedman(1992)发现企业的绿色活动与财务绩效之间存在一种轻微的负相关关系。Wong et al.

(2012)发现绿色流程创新对企业的财务绩效有显著的负面影响。杨静等(2015a)以江苏上市企业为样本，研究发现企业绿色创新战略的实施不利于企业价值的增长。

2.3.1.3 绿色创新对企业绩效影响的不确定性

还有一些绿色创新对企业绩效影响的研究结果与上述不同，这部分研究认为绿色创新对企业绩效的影响不能一概而论。部分学者认为绿色创新与企业绩效存在倒U形关系。如，杨静等(2015b)通过实证发现绿色创新对企业绩效同时发挥着积极与消极的影响，二者之间存在倒U形关系。其认为当企业克服资源与惯例刚性并获取“新能力”和资源时，绿色创新可以提升企业的绩效，而当绿色创新不断深入，新的竞争能力无法持续时，企业面临的成本和风险将无法抵消，从而导致企业绩效的下降。黄晓杏等(2015)同样采取问卷调查的方式，从绿色动态能力的视角，发现我国中部六省会城市的制造企业也表现出了一致的结论。相反的，Soltmann et al.(2015)和徐建中等(2016)发现绿色创新与企业的绩效之间存在U形关系，前者还认为对于大多数行业来说，越来越多的绿色创新会对绩效产生负面影响，而且U形关系的转折点相当高，只有少数拥有大量绿色创新的行业才有可能对其业绩产生积极影响。

还有部分学者认为绿色创新对企业绩效的影响可以忽略。如，Wong et al.(2012)以及李怡娜和叶飞(2013)以中国制造企业为样本，发现企业的绿色产品创新对企业的经济绩效并无显著影响。Duque-Grisales et al.(2020)探讨了拉丁美洲新兴市场的跨国企业绿色创新与财务绩效的关系，同样发现绿色创新对企业的财务指标没有统计学上的显著影响，这表明企业实施有效的绿色创新并不会提高绩效水平。但是，绿色创新与绩效无明显的关系可能是由于绿色创新的实施需要较高的初始投资且投资回收期较长，对经济绩效的影响存在一定的滞后性，故而短期内没有显著的影响(Li，2014；解学梅，等，2020)。Aguilera-Caracuel & Ortiz-de-Mandojana(2013)将绿色创新企业与非绿色创新企业进行匹配对比，研究发现绿色创新对企业的财务绩效并无明显的改善，二者的关系可能受到企业所在国家的制度条件的影响。

2.3.2 企业绿色创新与声誉关系的研究综述

企业绿色创新的结果不仅限于绩效方面的成就(Bai & Chang，2015；Shu et al.，2020)，还可能涉及企业声誉或形象等方面的表现，但关于这方面的研究相对较少。有研究发现，绿色创新不仅能够提升企业绩效，而且还会促进企业的声誉(Hart，1995；Horbach，2008；陈泽文和曹洪军，2019)。Hart(1995)以企业资源为基础，认为企业关于绿色营销、环境管理和技术创新等绿色响应行为可以帮助企业改善形象、建立并提高声誉从而获得竞争优势并为企业创造价值。这是一个双赢的局面，而且绿色创新带来的这些好处，可能有助于进一步刺激企业进行绿色创新(Agan et al.，2013)。企业绿色创新与声誉关系的实证研究较少，Liao(2018)以问卷所得的企业数据为样本，发现绿色创新包括绿色组织、流程和产品创新，发挥着提升企业声誉的作用。Truong et al.(2021)区分了象征性和实质性的绿色行动，发现只有实质性的绿色行动才会有效提高企业在同行之中的声誉，而象征性的绿色行动反而不利于企业声誉的形成和维护。国内关于绿色创新与企业声誉关系的相关研究同样较少，解学梅和朱琪玮(2021b)以我国上市企业为样本，分别从合规性绿色创新和战略性绿色创新角度，发现绿色创新可以显著地提升企业的绿色形象。

2.4 文献述评

综上所述，以往的文献从不同的理论视角和实证方法探讨了绿色创新的前因和结果，尽管研究重点和贡献不尽相同，但是都为本书的研究提供了非常重要的前期基础(如 Bansal & Roth，2000；Gadenne et al.，2009；Chang，2019；Qiu et al.，2020)。通过上述对企业绿色创新动机研究框架的回顾，对合法性动机、竞争力动机、生态责任动机和政治动机的逐一分析以及对绿色创新对企业绩效、声誉影响的探讨，我们发现已有研究仍存在一些局限和值得拓展的空间。

第一，对绿色创新动机模型的研究有待进一步扩展和补充。尽管已有一些研究试图构建绿色创新的动机模型(张台秋，2012；Bossle et al.，2016；陈力田，等，2018)，但是很少有研究像 Bansal & Roth(2000)一样对其所构建的生态响应模型中的企业生态响应动机进行详细的剖析。此外，鲜有研究对 Bansal & Roth(2000)提出的模型进行进一步的细分和扩展，尤其是缺乏探索在中国转型经济背景下企业绿色创新的动机特征。如，除了合法性、竞争力和生态责任动机外，是否还存在其他动机(如政治动机)会影响企业的绿色创新活动？企业在不同制度和文化的国家是否会存在不同的绿色创新动机？尤其是处于转型经济情境下的企业是否会拥有不同的绿色创新动机呢？这些问题都值得进一步的探索和研究。

第二，当前研究缺乏对绿色创新动机模型开展有效性和普遍性的实证检验。虽然动机是内在的、主观的和不易测量的，但是可以通过调查问卷或者间接的测量方式来测量企业动机。如，陈力田等(2018)是通过向企业发放调查问卷来衡量企业的战略柔性和环境伦理以间接代表企业绿色创新的趋利动因和伦理动因。宋献中等(2019)通过对某企业的访谈资料进行编码分析，发现竞争力和合法性动机是企业采取碳减排措施的主要原因。王军会(2019)在分析企业环境信息披露的合法性动机时则是采用间接的影响因素来代表企业的合法性动机，从而间接证明了合法性动机的存在。

第三，已有关于绿色创新动机的研究主要从被动性的防御动机(如应对外部压力方面的合法性动机)等角度进行，缺乏研究战略主动型方面的动机。而且，企业的被动防御动机对企业绿色创新的影响可能是有限的(Bansal & Roth，2000；Allet，2014；于飞，等，2021)，唯有企业主动、自愿地去进行绿色创新，才能有效发挥绿色创新的最大效益，但是目前少有文献从企业主动性的层面来研究企业绿色创新这类生态响应行为的动机。从关于合法性动机的研究来看，现有研究大多关注被动防御型的合法性动机对企业绿色创新的影响，缺乏战略合法性动机的研究。毋庸置疑，企业通过遵从和适应来自政府的监管压力、非政府组织的规范压力以及同行间的模仿压力以获得合法性是企业生存和发展的前提(Scott，1995；陈扬，等，2012；Berrone et al.，2013；徐建中，等，2017；于飞，等，2020)。然而，企业的这种适应合法性动机对企业绿色创新的影响是有限的，并且忽略了企业的“能动性”，也就是忽略了企业自愿且主动地采取合法性战略以获得持续性的竞争优势(于飞，等，2021；解学梅和朱琪玮，2021a)。适应合法性动机更多地是从制度逻辑来理解，因而在制度框架内，出于适应合法性动机的企业在进行决策时的目标只是尽可能地减少违规的处罚和风险以恰好达到利益相关者的要求，而不是追求如何尽可能多地满足利益相关者的要求（DiMaggio & Powell，1983；Bansal & Roth，2000）。而战略合法性更多地是从效率逻辑来理解，出于战略合法性动机的企业更多地是将合法性视为企业的关键资源，并希望通过这种战略行为获得这些关键资源和竞争优势（Tornikoski & Newbert，2007；解学梅和朱琪玮，2021a）。从经济动机方面的研究来看，大多数研究集中于探讨竞争力动机，缺乏考虑企业开展绿色创新活动是期望得到政府的资源和资金支持（可称为寻利动机①）。由于我国政府拥有财政资源和优惠政策的决策权，因此，企业可能会为了获得政府资源和政策的长久支持而开展绿色创新活动。只有企业所具有的绿色创新能力与政府的相关环境补助政策要求匹配时，企业才会享受到政策倾斜带来的好处，而企业对绿色创新的投入和产出都可以反映出企业的绿色创新能力。另外，对于生态责任动机和政治激励方面的研究，也鲜少有文献将二者与绿色创新同时放在一个框架中考量，有限的关于政治激励对绿色创新的影响的研究也无统一定论。

第四，关于企业是否值得进行绿色创新的文献集中探讨了绿色创新与企业绩效的关系，很少关注绿色创新与企业声誉之间的关系。在企业经济绩效方面，现有研究结论仍存在不少分歧，如，不少研究认为企业可以从绿色创新中受益（Porter & van der Linde，1995；Hojnik & Ruzzier，2016；解学梅，等，2020；Rodríguez-González et al.，2022），可以增加企业的长期利润、市场份额等；还有些学者则持相反的观点或者认为绿色创新与企业经济绩效之间的关系不能一概而论（Wong et al.，2012 ；Soltmann et al.，2015；Duque-Grisales et al.，2020）。在企业声誉方面，只有少部分研究探讨了绿色创新与企业声誉之间的关系，现有研究缺乏探索绿色创新对企业声誉的影响，这可能导致难以全面评估绿色创新对企业竞争优势的影响。

第五，在探讨各种创新动机对企业绿色创新行为的影响时，以往的研究很少探讨企业内部和外部情境因素在二者之间的边界作用。如，处于不同生命周期的企业绿色创新的动机是否会发生改变？当企业拥有的资源和能力不同时，企业在

① 本书后续对经济动机进行了分类，将其分为竞争性动机和寻利动机，此处可称之为寻利动机。

进行绿色创新响应时是否会出于不同的动机？当企业面对更严格的环境规制和环境监管时，企业的绿色创新动机是否也会改变？这些问题都有待进一步的研究。

第六，现有关于绿色创新与企业绩效、声誉关系的研究中，绝大多数都是基于调查问卷或访谈形式收集的数据进行分析(López-Gamero et al.，2009；Sharma，2000；Dangelico & Pontrandolfo，2013；Liao，2018；Rodríguez-González et al.，2022)。因此，研究的样本是基于特定时间段的调查，样本量往往偏小，可能容易导致结果的可靠性存疑；而且，问卷中的变量是通过主观评估来衡量，往往具有较大的主观性，但可能存在与被访者主观感知截然相反的客观事实。对此，可以通过客观数据对该类问题进行分析从而获得更多的结论。

基于此，本书以上述六点为研究切入点，依托现有文献，深入探讨企业绿色创新的前因(创新动机)和结果(绩效和声誉)，探寻影响这些关系的权变因素，并通过运用我国上市制造业企业数据，检验合法性、竞争力、生态责任和政治四大动机对企业绿色创新的影响，进一步评估绿色创新对企业经济绩效和声誉的影响，并探索企业内部和外部环境特征如何影响企业绿色创新的动机和结果。

第三章　企业绿色创新动机的理论框架

与外界驱动力相比，动机是立足于企业自身，能够激发企业采取某种行为以朝向某一目标行动的内在力量，是比能力、意识或影响因素更强大、更具影响力的企业行为驱动力量(Chen，1996；Bennett & Pierce，2016)。研究企业绿色创新的动机有利于了解企业为什么会如此行事，是什么激发企业开展绿色创新活动，是什么激励企业维持绿色创新活动，以及是什么导致企业终止绿色创新活动。因此，本章试图对 Bansal & Roth(2000)提出的生态响应动机模型进行进一步的补充和扩展，构建中国特色的企业绿色创新动机的理论模型并提出研究假设，以期能更加全面地理解企业的绿色创新行为。

3.1　企业绿色创新的动机理论模型

3.1.1　企业绿色创新的“动机-行为”路径

企业绿色创新的动机是本书的主要关注点，通过“动机-行为”的逻辑能够具体识别企业实施绿色创新行为究竟是出于哪些动机(图 3-1)。因此，在构建企业绿色创新动机理论模型、解析企业绿色创新的“动机-行为”关系之前，有必要先了解企业绿色创新的动机和绿色创新的行为的本质是什么。

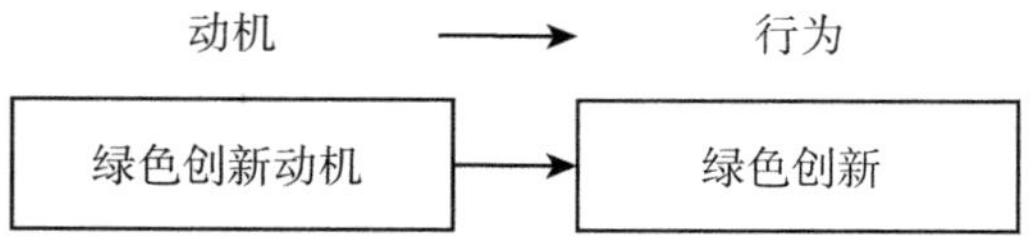

图 3-1　企业绿色创新的“动机-行为”路径

1. 绿色创新的动机

动机是激发和维持行为个体朝向某一目标行动的内在动力，因此，为了更好地激励企业积极开展绿色创新活动，有必要首先了解企业绿色创新的动机。相比于一般的技术创新，了解企业绿色创新的动机更为紧迫，这是因为绿色创新所具有的特殊属性会导致企业没有足够的动力开展绿色创新活动。一是绿色创新投资的高风险性致使企业难以主动地投资绿色研发创新活动。大量的研究表明绿色创新是高投入和高风险的创新活动，需要企业投入大量的资源和资金以支持实验器材的购买、科研人才的引进、研发创新的合作等，而其绿色研发创新的回报却是高度不确定的(Cuerva et al.，2014；曹洪军和陈泽文，2019；解学梅，等，2020)。二是绿色创新过程的复杂性使得企业在绿色研发过程中面对重重困难。从知识、技术、合作等各个方面来看，绿色创新毋庸置疑是一项复杂的创新活动，往往需要企业跨越多个技术领域、整合多方面的知识并且协调各方关系以寻求合作(Amore & Bennedsen，2016；于飞，等，2019；Wang et al.，2020)。三是绿色创新结果的双重外部性特征导致企业难以对绿色创新的绩效进行准确的评估。一方面，绿色创新的成果具有正外部性，企业需要支付绿色创新活动的所有支出，却不能享有所有的创新回报(Rennings，2000；Bai et al.，2019)。另一方面，绿色创新成果可以减少企业污染物排放(污染物排放具有负外部性)，将污染物减排的社会成本内部化于企业自身(Rennings，2000；Bai et al.，2019)。

企业在开展绿色创新活动时会面临高风险、高投入、高难度等种种挑战，那么为什么仍然有一些企业开展了绿色创新活动并取得了一定的绿色创新绩效呢？本书认为正是因为这些企业有足够的动机去开展绿色创新活动，强烈的动机促使企业愿意为实现绿色创新而克服重重困难。因此，识别企业绿色创新的动机是了解企业绿色创新行为的前提和基础。

2. 绿色创新行为

绿色创新这一行为的产生来源于企业绿色创新的动机，是绿色创新的动机的具体表现。面对严格的环保趋势和日益紧张的资源压力，企业迫切需要将这些趋势和压力转化为环境管理的动力。绿色创新作为环境管理的核心手段，能够有效提高环境管理的效果，满足环境保护的要求(Chen et al., 2006; Gadenne et al., 2009)。因此，实施绿色创新活动是解决经济发展和环境保护矛盾的双赢方案，也是各行业尤其是制造业实现可持续发展的重要战略工具之一(Chang, 2011)。只有加快绿色创新的突破，才能为绿色发展提供技术保障，从而真正实现绿色发展(Song et al., 2019)。

绿色创新行为广泛地包含了一系列基于环境友好和可持续发展的创新活动，以实现资源的节约和环境的改善(Fei et al., 2016; Kunapatarawong & Martínez-Ros, 2016)。为方便研究，在已有研究中，学者们通常从投入和产出视角来评估企业的绿色创新活动。从投入视角，以往研究主要采用的指标有研发投入、环保投入或人均R&D投资等(彭雪蓉，等，2014)。然而，以投入指标来衡量绿色创新并不能确定这些绿色投入是否能高效率地转化为绿色产出，另一方面，由于国内企业缺乏对绿色创新投入的独立核算，因此，采用企业研发支出作为代理变量进行测量的结果并不准确(于飞，等，2019)。现有文献更多地是从产出视角来评估绿色创新活动，主要采用的衡量指标是绿色专利数据(齐绍洲，等，2018；李青原和肖泽华，2020；于飞，等，2020)。考虑到运用绿色专利数据相比于其他方式具有明显的优势，如可以根据国际专利分类(IPC)来准确地分辨出绿色专利，因而本书在评估企业的绿色创新行为时主要运用绿色专利数据。

3.1.2 企业绿色创新的动机理论模型构建

基于上述分析，在了解绿色创新的动机和行为本质之后，为构建中国企业绿色创新动机理论模型，本书在Bansal & Roth(2000)的模型基础上进行了改进和拓展，主要包括以下三点。

(1)本书通过引入二元合法性理论，将合法性动机细分为适应合法性动机和战略合法性动机，详细考虑了二者对企业绿色创新行为的影响。根据已有关于企业绿色创新动机的研究可以发现，大部分企业的绿色创新行为并不是自发的，而是来源于不同利益相关者施加的强大压力，这些企业希望通过增加自身行为的恰当性来满足利益相关者的期望进而获得其在资源、行动和情感方面的支持，同时避免面临收入损失和声誉受损甚至失去经营许可证的困境(DiMaggio & Powell, 1983; Bansal & Roth, 2000; Berrone et al., 2013; Allet, 2014; 解学梅和朱琪玮，2021a；于飞，等，2021）。企业这种以被动适应的姿态去开展绿色创新活动可以被视为是出于适应合法性动机（Tornikoski & Newbert，2007；解学梅和朱琪玮，2021a）。然而，当前文献主要侧重于从制度视角来解释企业绿色创新的合法性动机，忽略了企业开展绿色创新活动也可能是出于主动的、战略的合法性动机。本书认为，企业会出于战略的动机主动、积极地开展绿色创新以迎合利益相关者对企业绿色发展的诉求以赢得良好的组织形象，进而从利益相关者处获得发展所需的关键资源，包括资源支持、技术分析、顾客信赖等（Zimmerman & Zeita，2002；解学梅和朱琪玮，2021a）。此外，在我国转型经济的背景下，处于市场制度高度不确定的环境中的企业更加依赖于从政府手中获取生存和发展所需的资源（张台秋，等，2012；于飞，等，2021），进而更有可能在主动追求合法性的动机下开展绿色创新活动来赢得政府资源和情感的青睐。

（2）本书将经济动机视为企业绿色创新行为的第二个核心动机，并在经济动机这个总范畴里考虑和分析了企业竞争力动机和寻利动机对绿色创新的影响。先前的研究表明，绿色创新不应仅仅被视为企业对利益相关者压力的反应行为，而是也会通过积极的意图和实践来获得竞争优势或寻得潜在利益（Kratzer et al.，2017；Lin et al.，2013）。已有研究中一些学者也发现追求经济收益是企业绿色创新行为的主要动机之一（Agan et al.，2013；张钢和张小军，2014）。如，Agan et al.（2013）发现预期经济收益是企业采用环境工艺技术的最主要内在动机，并将预期收益分为“硬”预期收益（主要测量企业的盈利情况）和“软”预期收益（主要测量企业的声誉方面）。张钢和张小军（2014）通过对重污染行业中典型企业的管理者进行深度访谈，并运用扎根理论分析企业实施绿色创新战略的主要动机，发现预期经济收益（包括经济利益、竞争优势和企业声誉三个方面）是企业绿色创新战略的核心内因。本书认为已有文献虽然已经对企业绿色创新的经济动机中的竞争力动机进行了较翔实的研究（Bansal & Roth，2000；Agan et al.，2013；张钢和张小军，2014；Hojnik & Ruzzier，2016），但是对企业绿色创新是期望获取政府以及投资者的资金支持和合作机会等这一寻利动机缺乏探讨和研究。当前一些研究发现企业的绿色创新活动可以通过向外界传递反映企业追求可持续发展的积极信号，从而提高获得政府和投资者资金和合作支持的可能性，进而推动企业可持续发展（张良，2014；于飞，等，2020）。因此，对于依赖外部资金或其他支持以寻求可持续发展的企业来说，开展绿色创新活动可能是出于寻利动机。

(3)本书创新性地提出在我国特色的制度背景下，企业绿色创新的动机可能还来源于政治激励。由于国有企业和民营企业产权性质的差异，本书将二者的高管政治动机分别区分为政治晋升动机和政治关联动机。在国外的企业中，高管多为职业经理人，其作为企业高层往往不存在政治晋升的通道，高管的变更基本是辞职或解聘(Defond & Hung，2004；Chang & Wong，2009)。然而，我国国有企业高管有一种特殊的职位晋升方式，即政治晋升。目前，虽然我国已推行国企去行政化改革以及实行政企分开，但是国企高管的任免行政化特征仍较为明显(杨瑞龙，等，2013；李维安和孙林，2017)，国企高管仍具有行政级别，与同级别的政府官员拥有类似的政治晋升空间，部分国企高管依旧按照政治程序任职(郑志刚，等，2012；李维安和孙林，2017)，因此，我国身兼双重身份的国企高管仍存在一定的政治晋升动机。民营企业高管则往往通过任职人大代表或政协委员的方式来建立政治关联。从企业的角度，企业高管为了保护企业产权、降低政府行政壁垒等寻求政治关联(宋增基，等，2013)，政治关联的建立可以给企业带来更多的利益，促进企业的可持续发展(邬爱其和金宝敏，2008；郑志刚，等，2012)。从高管个人的角度，政治关联类似于“政治晋升”，不仅能够实现社会地位的提升，也是一种对身份的尊重和自我实现的满足(邬爱其和金宝敏，2008；曹伟，等，2016；吴丽君，2019)。无论是对于国企高管还是民企高管，为了实现这类政治动机，企业高管都会有意识地采取有利于实现这一目标的经营管理行为。研究发现，高管的政治迎合倾向有利于做出“政绩”从而获得政治升迁的可能(卢馨，等，2016)。而地方政府的政绩考核中包含了环境保护，因此，企业更有动力去采取绿色创新等环保行为来迎合政府的需求。也就是说，在我国，企业高管很有可能出于自身的政治动机而采取绿色创新行为。

结合上述分析，本书最终构建了如图 3-2 所示的企业绿色创新动机理论模型。在该模型中，企业绿色创新的动机分为合法性动机、经济动机、生态责任动机和政治动机四个动机。同时，本书将合法性动机细分为被动性的适应合法性动机和主动性的战略合法性动机，将经济动机划分为竞争力动机和寻利动机，将政治动机划分为政治晋升动机和政治关联动机。

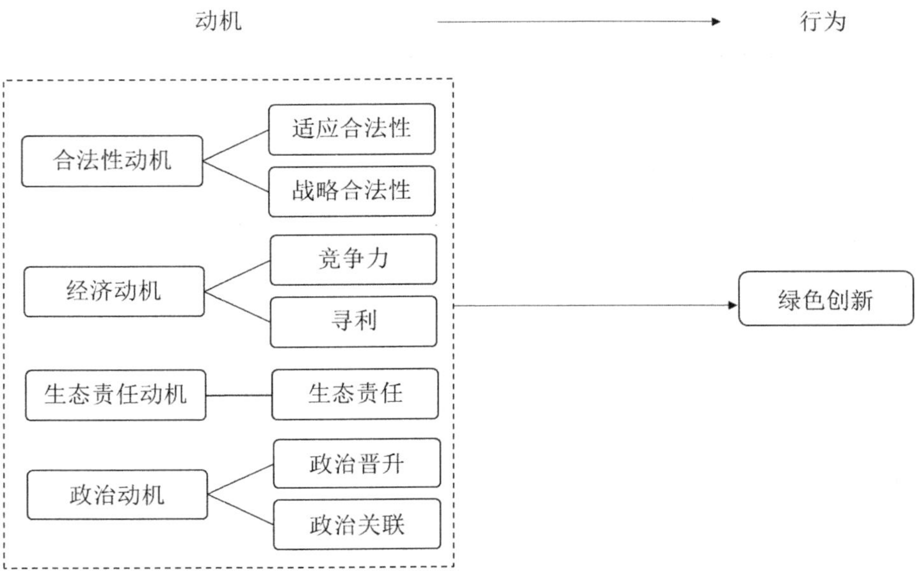

图 3-2 中国企业绿色创新动机理论模型

3.1.3 企业绿色创新动机的维度分析

为能有效区分合法性动机、经济动机、生态责任动机和政治动机这四大绿色创新动机在特征上的不同，本书详细列出了这些企业绿色创新动机在实现方式、最终目的、关注对象、决策分析和决策规则等维度上的差异（见表 3-1）。

表 3-1 **绿色创新动机的维度分析**

动机	合法性动机		经济动机		生态责任动机	政治动机	
	适应合法性	战略合法性	竞争力	寻利	生态责任	政治晋升	政治关联
对象	所有企业	所有企业	所有企业	所有企业	所有企业	国有企业	民营企业
目的	企业生存	关键资源	盈利能力	潜在利益	生态道德理念	政治晋升	超额利润/资本逐利
方法	遵守规范和规定	突破性的战略行动	竞争优势	传递信号	社会公益	政绩	人大代表或政协委员

续表

动机	合法性动机		经济动机		生态责任动机	政治动机	
	适应合法性	战略合法性	竞争力	寻利	生态责任	政治晋升	政治关联
关注对象	政府等利益相关者	对手、投资者、政府等利益相关者	客户、投资者	政府、投资者	社会	政府	政府
决策分析	违规的成本和风险	资源获取的价值	成本-效益分析	成本-效益分析	生态价值	个人利益	企业或个人利益
决策规则	满足最低要求	高于或突破现有规则	最大化	最大化	理想化	最大化	最大化
战略	同构/模仿	领先/主动	创新	创新	自主/独立	锦标赛	自主
侧重点	尽力满足关注对象的期望和要求	主动赢得关注对象的信任度	实现利益最大化	争取潜在利益	自愿承担环境保护的责任	采取利于晋升的行为决策	构建或增强政治关联的行为决策等

注：在 Bansal & Roth(2000)基础上，经作者整理和补充得出。

关于适应合法性动机和战略合法性动机在各个维度上的差异，在实现方式上，出于适应合法性动机的企业通常采取被动遵守规范和规定等举措来避免受到利益相关者的处罚和制裁(DiMaggio & Powell，1983；Bansal & Roth，2000)；而出于战略合法性动机的企业通常采取宣传或游说等方式塑造绿色形象来改变相关利益者的看法、突破性创建新的商业模式和行为等方式主动赢得利益相关者的认可和信任(Suchman，1995；Zimmerman & Zeitz，2002；Tornikoski & Newbert，2007；Chelli et al.，2018 ；Walsh et al.，2021；解学梅和朱琪玮，2021a)。在最终目标方面，出于适应合法性动机的企业只是为了保证企业最基本的生存目标；而出于战略合法性动机的企业是为了能赢得利益相关者的认可以获取企业发展的关键资源(解学梅和朱琪玮，2021a)。在决策分析及决策规则方面，出于适应合法性动机的企业在进行决策时需要权衡违反适应合法性的成本和风险，其目标是只需要恰好达到利益相关者的要求即可(Bansal & Roth，2000)；而出于战略合法性动机的企业在进行决策时需考虑实现战略合法性所带来的资源的价值，其目标则是尽可能多地赢得利益相关者的认可以获取更多有利于企业发展的关键资源或其他优势。因此，总体来说，适应合法性动机和战略合法性动机的最主要区别在于前者侧重于强调企业动机的客观规律性和被动遵从性，而后者侧重于强调企业动机的主观能动性和战略前瞻性(Tornikoski & Newbert, 2007；李雪灵，等，2011；解学梅和朱琪玮，2021a)。

关于竞争力动机和寻利动机在各个维度上的差异，首先，在实现方式和最终目标方面，出于竞争力动机的企业希望通过降低生产成本和提升生产效率为其获得成本优势，或通过开发绿色产品为其获得产品差异化优势等方式获得竞争优势，从而实现企业长期的盈利能力的目的(Hart, 1995；Bansal & Roth, 2000；Hojnik & Ruzzier, 2016；解学梅和朱琪玮，2021a)；而出于寻利动机的企业是期望向市场传递其绿色发展理念的积极信号来获得政府以及投资者的资金支持等潜在的利益。其次，在决策分析方面，出于竞争力动机的企业在决定是否进行绿色创新时都会分析竞争优势带来的收益和绿色创新的成本，并且争取这一举措能最大化企业的净收益；而出于寻利动机的企业同样基于成本和收益分析以争取最大化潜在的收益(Bansal & Roth, 2000；张钢和张小军，2014)。总而言之，竞争力动机和寻利动机都强调了企业绿色创新的经济动机，期望能通过绿色创新活动来最大化企业的利益。

关于生态责任动机的维度分析，在实现方式和目的上，企业通过采用社会公益的形式来实现企业自身的生态道德理念，自愿承担保护环境的责任；在决策分析方面，出于生态责任动机的企业往往是基于绿色创新行为可能产生的生态价值来决定是否行动。具有生态责任动机的企业的行为通常是自发的、自愿的，是企业的理想化行为，而不是追逐利益或其他目的。

关于国有企业和民营企业的政治动机在各个维度上的差异，在实现方式和最终目标上，国企高管是通过打造良好的形象工程和“政绩”来实现政治晋升；民营企业则是出于资本逐利的目的，通过任职人大代表或政协委员等政治身份来建立政治关联，从而方便获取有利的政治资源等，有助于实现超额利润。在决策分析方面，国企高管更多地是在锦标赛式的政治晋升竞争环境下因个人利益而采取行动，民企高管则更多地是基于自主意愿主动争取获得政治上的话语权而采取行动。

3.2　企业绿色创新的动机与行为关系

3.2.1　合法性动机与绿色创新

3.2.1.1　适应合法性与绿色创新

企业的合法性反映了企业行为在既定的法律法规、社会规范道德和文化理念条件下的合规性、正当性和可接受性(Suchman，1995)，而企业的生存与否在一定程度上取决于是否能够获得合法性。企业所面临的法律、规范等制度环境其实就是政府、投资者、消费者和社会组织等各类利益相关者(他们是企业所处环境的受众)，由于利益相关者们对环境保护有所要求与期望，企业有必要采取行动(如绿色创新)以顺应要求和寻求认可(Babiak & Trendafilova，2011；Shu et al.，2016)。因此，从根本上来说，企业的这种行为是为了寻求环境的合法性以实现自身的生存目标，本书将这类合法性称为适应合法性。适应合法性的典型特征为遵从性、被动性和反应性，目标是满足而非超越，具体表现为企业仅履行必要的义务职能，满足最低限度的立法要求和利益相关者的要求，从而在尽可能低的水平上实现合法性(Bansal & Roth，2000；Allet，2014)。

企业所面临的来源于不同的利益相关者合法性压力都可以增加企业实施绿色创新的动力(Chen et al.，2012；Berrone et al.，2013；Zhang & Zhu，2019)。从政府压力来看，国家立法机构的政策和制度加强了对企业违法排污等破坏环境行为的处罚力度，如新《环保法》的实施。企业一旦因为违法行为而受到处罚，一方面企业会因合法性受损面临更严厉的监管，另一方面企业会因处罚等负面信息的曝光而有损企业的声誉形象(李大元，等，2018)。因此，为规避处罚、避免监管和形象受损，企业不得不试图开展绿色创新活动(Berrone et al.，2013；王晓祺，等，2020)。从投资者压力来看，投资者会以有无环保行为或环境绩效作为企业合法性、声誉等的重要评估指标(Schaltegger et al.，2019)，甚至要求企业减少污染物的排放(Soewarno et al.，2019)并提高资源的使用效率(Bundgaard et al.，2017)，企业因而会为了获得融资的机会而增加对绿色创新的投入。从消费者压力来看，消费者对企业改善环境绩效的期望也可以促使企业追求绿色创新。一方面，消费者对环境保护问题的重视表明了其对绿色产品的高支付意愿，由此，企业会在绿色产品创新上投入更多的资源(Wong，2012)；另一方面，消费者可能会抵制使用高污染高耗能的制造工艺生产的产品，因而企业会倾向于采取相对环保和绿色的绿色工艺技术来生产产品(Zhang & Zhu，2019)。最后，从竞争对手压力来看，采取绿色创新行为的同行业竞争对手也会对不愿主动做出绿色响应行为的企业造成压力(Hofer et al.，2012；Rui & Lu，2020)。此时，企业只能通过绿色创新活动来提升自身的合法性，进而提高自己在同行竞争中的生存能力(李大元，等，2018；王旭和褚旭，2021)。总的来说，以上这些都可能是激发企业进行绿色创新的动力，即企业为了寻求利益相关者的满意与认可，会采取绿色创新行为来获取合法性。在某些特殊情况下，甚至可能会出现无论绿色创新是否会带来更好的环境效果，企业仍会为了满足利益相关者的期望或兑现其对利益相关者的环境承诺而实施绿色创新行为的情况(Lannelongue & Gonzalez-Benito，2012)。

从实现过程来看，基于新制度理论，适应合法性是企业的一个被动选择同构/模仿的过程(Bansal & Roth，2000；Lannelongue et al.，2014)，具体可划分为规制同构、规范同构和模仿同构(DiMaggio & Powell，1983)。其中，规制同构是指企业需要遵守法律，规范同构是指企业需要顺应行业协会等设立的标准，而模仿同构则主要是指企业模仿同形态的企业组织的行为(DiMaggio & Powell，1983；Guler et al.，2002；Kostova & Roth，2002；Prajogo et al.，2012)。相比之下，是否规制和规范同构取决于企业对法律法规遵守与否及惩罚成本的权衡，而模仿同构则是企业寻求合法性最常见的实现形式，行业内成功获得合法性的“安全”企业将是首要的模仿对象(Guler et al.，2002；Barreto & Baden-Fuller，2006)。由于环境中潜在的不确定性风险过大，大多数企业并不希望自己成为突破新领域或解决新问题的那个主体(Bansal & Roth，2000)，企业因而会选择采取模仿同形态的企业组织行为来追求合法性(Dowling & Pfeffer，1975)。同时，当业内其他企业对环境的关注和绿色创新行为致使行业合法性的整体提升，尤其是当行业的整体环保倾向或环保行为被作为合法性评价的重要指标之一时，未采取绿色创新行为的企业的合法性将会受到威胁(李大元，等，2018；王旭和褚旭，2021)。此时，企业只能采取被动防御措施，通过模仿同形态且合法性较高的企业的绿色创新行为来保持与业内行为准则的一致性，从而维持其合法性。基于此，提出以下假设：

H1：企业绿色创新存在适应合法性动机，表现为适应合法性动机越强的企业，越倾向于绿色创新。

3.2.1.2　战略合法性与绿色创新

适应合法性往往是满足已有的标准而非超越标准（Bansal & Roth，2000；Lannelongue et al.，2014）。战略理论则主张企业可以选择主动获取合法性，这类合法性通常是由企业自愿通过一系列积极主动的战略行动所赢得的合法性（宋铁波和曾萍，2011；解学梅和朱琪玮，2021a），本书将其称为战略合法性。战略合法性的典型特征是主动的、前瞻性的和战略性的，目标是改变和超越既定合法性，主要表现为企业主动采取行动超出最低门槛的合法性要求来获取利益相关者对企业的信任度从而获取合法性，抑或试图改变既定的标准形成新的合法性（Zimmerman & Zeitz，2002；Lourenço et al.，2012）。

不同于适应合法性的约束性质，战略合法性被认为是一种能够帮助企业获得其他资源的战略杠杆性资源（Zimmerman & Zeitz，2002；Tornikoski & Newbert，2007；杨栩，等，2020；解学梅和朱琪玮，2021a）。因此，鉴于战略合法性的资源特性以及合法性的过程是可被控制的（Pfeffer，1981），势必存在一些致力于改变和超过既定合法性的企业作为先发者，这些先发者试图通过其战略行动来赢得利益相关者的认同进而获取发展所需的关键资源（Porter & van der Linde，1995；Zimmerman & Zeitz，2002；Lourenço et al.，2012；Lin et al.，2014；解学梅和朱琪玮，2021a）。在当前社会生态环保意识日益增强，企业利益相关者对企业环境合法性的要求也变得更高（梅晓红，等，2020）的背景下，企业绿色创新这类战略行动的实施将会对其获取合法性起到举足轻重的作用。具体表现在以下几方面：首先，绿色创新活动能够帮助企业节约生产资源、提升生产效率（Porter & van der Linde，1995；Chen et al.，2012），有助于企业完成甚至超额完成政府制定的减排目标。而且企业绿色创新活动对减少污染物排放和改善生态环境的显著影响与政府的可持续发展理念完美契合，因而更易得到政府的青睐，政府也倾向于给予这些愿意主动追求环境合法性和承担绿色发展责任的企业更多的支持（王旭，等，2020；于飞，等，2021）。其次，企业主动开展绿色创新活动所释放和传递出的积极信号以及所营造的良好绿色形象有利于赢得投资者和消费者的认可，使企业赢得更广泛的合法性，进而有助于企业与利益相关者建立更为持续和稳定的关系并获得更多的融资机会、绿色信贷、绿色产品消费需求和资源支持（Russo et al.，1997；于飞，等，2020；解学梅和朱琪玮，2021a）。Allet（2014）就发现越来越多的投资者在项目投资中考虑企业是否兼顾了自身利益、环境利益以及社会利益，而绿色创新水平更高的企业将越有可能获得投资者和消费者的支持（于飞，等，2020）。第三，成功的绿色创新成果能够提升行业的合法性，改变同行企业与利益相关者对既有合法性的认知，进而促使同行其他企业将其视为行业合法性的标杆并努力与“成功者”的行为保持一致（赵治威，2020）。对于这些可以重新塑造行业合法性的企业来说，新形成的合法性将更有利于自身行为与长远发展，其可以获得制定行业规则和标准以及抢先获得市场资源和客户等方面的先发优势（Hart，1995）。而且企业获取合法性的过程越具有挑战性，企业所构建的合法性越能体现其自身的诚意，因而也更容易获得利益相关者的认可和支持（Boutinot & Mangematin，2013）。综上所述，企业对于战略合法性“杠杆资源属性”的追求会推动和促进企业在环保相关领域不断地进行研发与创新。基于此，提出以下假设：

H2：企业绿色创新存在战略合法性动机，表现为战略合法性动机越强的企业，越倾向于绿色创新。

3.2.2 经济动机与绿色创新

3.2.2.1 竞争力与绿色创新

企业的绿色创新行为除了是基于上述的主动或被动地寻求合法性之外，还有可能是为了赢得和保持竞争优势并提升长期盈利能力（Bansal & Roth，2000；Allet，2014）。在早期的研究中，一些学者提出企业的发展越来越受到自然环境的约束并且更加依赖自然环境，在这样的背景下，那些拥有促进经济活动可持续发展资源和能力的企业才更有可能提高竞争力并获得竞争优势（Hart，1995；Bansal & Roth，2000）。而企业通过绿色创新发展的过程恰好能为企业积累关键资源并形成绿色技术研发能力，从而帮助企业获得独特的竞争优势。具体表现为：第一，成本优势。绿色创新不仅可以节省安装和运行管道末端污染控制装置的成本，而且还可以增加企业的生产效率（如降低原材料和废物处理的成本以及简化生产步骤）来缩短运行周期（Hart，1995；Chen，2008a；Chiou et al.，2011；解学梅，等，2020）等。因此，企业可以借助包括替换、回收和研发新型节能环保材料等在内的绿色技术创新行为来减少、改变乃至防止污染物的排放、避免环境规制的处罚，从而节约大量成本，最终获得成本优势（Hart，1995）。而且随着消费者环保意识和消费能力的增强，消费者对绿色产品的支付意愿也越来越强，企业也可以通过绿色产品来获得更多的溢价以弥补绿色创新过程中所产生的研发费用（宗计川，等，2014；潘楚林，2017；解学梅和朱琪玮，2021a）。第二，先发优势。企业通过绿色创新形成的技术、产品等先发动优势能够帮助企业处于行业领先地位，开拓新的市场，建立行业进入壁垒，并通过制定行业标准来占据市场竞争中有利的市场地位（关洪军，等，2017），从而获得可持续的竞争力。第三，差异化优势。企业可以通过不断地升级改造已有的绿色创新技术或产品来与传统技术产品或竞争对手的绿色创新技术产品形成差异化优势（Hart，1995；Chen，2008b；张小军，2012；潘楚林，2017；解学梅和朱琪玮，2021a）。第四，声誉。开展绿色创新活动作为一种“绿色标签”，可以为企业带来更好的声誉和企业形象（Agan et al.，2013；关洪军，等，2017），从而有助于企业进一步吸引和留住人才（Bansal & Roth，2000；张小军，2012）、扩大消费者群体和市场份额（Hojnik & Ruzzier，2016；潘楚林，2017）以及改善与当地社区的关系（Shrivastava，1995）。综上所述，绿色创新实践对企业竞争力的提升发挥着重要作用，其可以通过帮助企业获得成本优势、先发优势、差异化优势以及良好的声誉来赢得长久的绿色竞争优势，这些都可以刺激企业采取绿色创新行为。

在已有关于企业绿色行为的动机是否来源于竞争力这一问题的研究中，部分学者试图从不同的企业群体证实竞争力动机的存在性。Agan et al.（2013）、张钢和张小军（2014）分别基于土耳其中小企业、中国重污染企业的调查，均发现能够反映企业竞争能力的预期收益是企业绿色创新行为的重要驱动力，并且 Agan et al.（2013）认为软预期收益（包括竞争优势、企业形象和品牌口碑）比硬预期收益（包括企业利润、企业绩效和市场份额）的驱动作用更强。Allet（2014）则以小额信贷机构为主体，发现这些机构采取更为主动和战略性的环境管理行为是出于竞争力动机。基于此，提出以下假设：

H3：企业绿色创新存在竞争力动机，表现为竞争力动机越强的企业，越倾向于绿色创新。

3.2.2.2 寻利与绿色创新

企业作为营利性经济组织，经营目标通常是实现利润最大化，其本质上具有逐利性，因此追求任何潜在的收益也是推动企业采取绿色创新的动力之一(Esty & Winston，2006)。信号理论认为当市场中存在信息不对称问题时，如果企业缺乏向外界传递企业发展潜力的媒介，企业的利益相关者也就无法甄别企业的真实能力(Spence，1973)。在这种情况下，企业有动机将能够反映企业良好的发展前景、盈利能力以及公司治理能力的积极信号传递给利益相关者(钱爱民和朱大鹏，2017)。企业通过向市场释放积极的信号，不仅有利于增强利益相关者对企业的信任程度和投资信心，还可以减少其与利益相关者之间存在的信息不对称，从而降低企业的融资成本和契约履行成本(孟晓俊，等，2010；郭玥，2018)。

当前，我国生态文明理念已深入人心，人们不再仅仅只关注企业的日常经营状况，而是越来越关注企业的环保行为。尤其是政府和投资者，其在评估企业是否值得投资和开展项目合作时，更在意企业的环保行为(Xu et al.，2018；Aboelmaged & Hashem，2019；于飞，等，2020)。然而，与企业较为透明化的经营业绩不同，企业的一些环保行为相对更为隐性且难以被利益相关者所捕捉(Montiel et al.，2012；Xu et al.，2018)。而绿色创新具有较高的可察性和可验性，也更易被认为是正面的、高质量的信号(于飞，等，2021)。因此，绿色创新可以向外界传递反映企业绿色发展理念、优质研发资源以及卓越创新能力等积极信号，有助于企业将自己与其他企业区分开来，并获得政府和投资者的青睐、消费者的认可以及同业者的合作机会等(于飞，等，2020)。具体地，第一，绿色创新行为能够反映企业的绿色发展理念。由于企业绿色创新的高投入、高风险和长回报周期等特征，企业往往缺乏足够的动机来开展绿色研发和创新活动。因此，企业开展绿色创新活动无论是出于获得合法性的目的抑或是赢得竞争优势的目的，都能表明企业正在被动抑或是主动追求绿色发展。第二，企业积极地开展绿色创新活动能够反映企业拥有优质的研发资源。绿色创新活动需要企业投入大量的资源来支持，包括购买新的研发设备、支持不间断的研发实验活动、培训技术研发人员、搜索和整合相关技术知识以及构建研发合作关系等(于飞，等，2019；解学梅，等，2020)。因此，如果企业进行了大量的绿色研发创新实践，这就可以表明这些企业已经拥有足够的资源基础和储备来支持绿色创新活动。第三，绿色创新的水平能反映出企业所拥有的卓越的创新能力。绿色创新是一项全新且复杂的创新行动，只有那些拥有足够实验能力、风险承担能力、吸收能力和学习能力等创新能力的企业才能取得绿色创新的成功(Zhang & Zhu，2019)。因此，为避免自身与利益相关者信息不对称导致的逆向选择问题，为进一步获得更多的政策资金支持、经济利益或合作机会，企业可以通过积极地开展绿色创新活动来向外部释放积极信号。

目前已有学者在企业的绿色行为能否传递信号这一问题上得出较为一致的结论。张良(2014)发现企业承担社会责任行为包括环境保护行为在股票市场发挥了良好的信号作用，有助于利益相关者做出有利于企业的反应，如提升投资者的投资积极性，从而有效增加企业的收益和社会资本。Xu et al.（2018)则发现企业在节能和减排方面的环境改善行为可以成为与利益攸关方建立信任和合作关系的工具。于飞等(2020)基于信号理论，发现企业绿色创新绩效越高，企业越容易获得政府和投资者的支持。综上可知，企业可以通过将绿色创新行为作为传递积极信号的工具进而获得更多的资金支持。基于此，提出以下假设：

H4：企业绿色创新存在寻利动机，表现为寻利动机越强的企业，越倾向于绿色创新。

3.2.3　生态责任动机与绿色创新

环境问题的处理也是一个伦理道德性的问题。环境伦理涉及了企业处理与环境关系的原则、信念和价值观等(Ahmed et al.，1998；Chang，2011；Palmer et al.，2014)，为企业主动且自发采取环保行动提供了思想基础和精神支持(Rui & Lu，2020)，企业的生态责任正是源于企业对其在环境领域的道德感、责任感和价值观(Bansal & Roth，2000)。因此，与前述的合法性动机和经济动机不同，出于生态责任动机的企业通常会依据自身的生态价值观、环境道德或环境伦理采取一系列的生态响应行为，诸如绿色创新、向环境公益性社会组织捐款、参与资源环境恢复行动和污染物减排计划等(Bansal & Roth，2000；Montiel，2008)。有研究发现，企业的生态责任(环境伦理)可以影响企业的绿色资本、环境技术和业务运营的创新，是企业绿色创新的强大动力(Chang，2011；田虹和潘楚林，2015；Guo et al.，2020)，而且具有更高水平环境道德感的企业更主动处理环境问题，也更倾向于采取绿色创新等环保行动(Chen et al.，2006；Rui & Lu，2020)。

企业的生态责任动机往往是非预期、理想化的，并非企业期望获得某些利益的理性化动机(Bansal & Roth，2000)，也就是说，生态责任动机更符合道德层面，而合法性和经济动机则更务实。然而，包括生态责任在内的社会责任不仅仅是企业的一种成本、道德或慈善行为，也可以是企业潜在的机会、创新和竞争优势的来源(Porter & Kramer，2006；Chang，2011)。因此，企业出于生态责任而采取的绿色创新等行动措施也可以作为一种产生"无形的战略资产"的手段，如声誉资本和减少负面媒体关注(Babiak & Trendafilova，2011)等，使得企业在环境保护方面占据有利的战略地位，从而获得可持续的发展。

另外，企业的环境道德也可被视为实现可持续发展的一种优秀的组织文化(Chang，2011；Wang，2019)。基于资源基础观，当企业的环境文化成为一种独特的、有价值的、难以模仿的文化的时候，这种文化也是有利于企业绿色创新的一种关键资源和能力(Barney，1986；Hart，1995)。从组织认同视角来看，企业的环境文化代表了企业成员之间的共同认识和共同行为(Chen et al.，2012)。当企业组织拥有共同的、强烈的环境道德感时，可以有效激发企业更加积极主动地采取环保行动(Chen et al.，2012)，各部门之间将通过协调运作来有效解决环境问题(Porter & van der Linde，1995；Shrivastava，1995)。绿色创新作为环保行动的核心战略措施，企业可能会进一步倾注更多的注意力、精力或资源投入绿色创新为主的环境管理上(Chen et al.，2006；Papagiannakis et al.，2014)。基于此，提出以下假设：

H5：企业绿色创新存在生态责任动机，表现为生态责任动机越强的企业，越倾向于绿色创新。

3.2.4　政治动机与绿色创新

3.2.4.1　政治晋升与绿色创新

政治晋升是我国国有企业高管特殊的职位晋升方式。在我国特色的经济体制下，国企高管具有"亦商亦官"的双重特殊身份(刘青松和肖星，2015；杨瑞龙，等，2013；曹伟，等，2016)。因此，身兼双重身份且更倾向于"准官员"身份的国企高管与"正式官员"一样具有政治晋升动机。而这些"准官员"们为了实现政治晋升，通常有意识地去努力经营企业，以此来打造优秀的"政绩"，为政治升迁铺路。根据组织行为学，高管个人的努力程度和决策行为取决于其所受到的激励强度及个人能力(宋增基，等，2013)。而且高管作为企业领袖的综合反映，能够影响企业的战略行动，根据理性经济人假设，高管通过自身的权力影响企业决策行为总是遵循私人利益最大化的原则。因此，高管的努力程度以及决策方向在一定程度上取决于高管个人受到的政治晋升激励强度，这也导致了企业的行为也会受到高管政治晋升激励的影响(王曾，等，2014；吴丽君，2019；徐业坤和梁亮，2021)。由此，高管政治晋升动机可以是企业行为的关键之一，也可能是影响企业是否采取绿色创新行为的关键之一。

此外，国企高管的行政任免方式形成了"锁住效应"，高管一旦进入这相对封闭的"内部劳动力市场"，就几乎丧失了其他外部机会(Li & Zhou，2005；Cao et al.，2019)。因此，高管必须在"锦标赛"中努力保住职位并争取有限的晋升机会(Li & Zhou，2005；周黎安，2007；王曾，等，2014；徐业坤和梁亮，2021)，否则面临的就是淘汰。有研究发现，在有限的高管任期内及晋升绩效考核下，为了能在竞争中获得优势，高管往往倾向于通过创新这种高风险高投入的形式展开竞争(张宏亮和王靖宇，2017；吴丽君，2019；李恩极和李群，2020)。加之《中央企业负责人经营业绩考核暂行办法》的考核导向中涉及了"注重环境保护"方面的内容，而绿色创新是环境管理的核心手段，国企高管将更有动力去推动企业的绿色创新实践活动来展开竞争。而且，环境整治也是政府部门绩效考核体系的内容之一，地区间的政府官员还会出现环境绩效方面的竞争(Yu et al.，2019；Deng et al.，2019)。鉴于上级政府对高管能否晋升具有一定的话语权，国企高管为了谋求政治晋升也同样可能会采取绿色创新等措施来迎合地方或上级政府部门在环境方面的政绩需要(王曾等;2014;卢馨,等,2016;张宏亮和王靖宇,2017)。

为了实现政治晋升,企业高管还会有意识地去建立并维护企业及高管自身良好的声誉和社会形象(郑志刚,等,2012;张宏亮和王靖宇,2017)。一旦存在或出现破坏环境和受到环境规制惩罚等不利于企业形象和声誉的信息都可能影响高管的政治晋升之路。绿色创新行为的信号以及良好的绿色创新绩效可以为高管树立良好的形象和提供漂亮的"政绩"(张宏亮和王靖宇,2017)。出于自利原因,强烈的政治晋升意愿使得高管更有动力借助绿色创新行为向外界传递其履行社会责任、注重环境保护等积极信号,以此来彰显企业的能力、树立企业的优质形象并赢得良好的企业声誉(Eiadat et al.,2008;Allet,2014)。基于此,提出以下假设:

H6:国有企业绿色创新存在政治晋升动机,表现为政治晋升动机越强的企业,越倾向于绿色创新。

3.2.4.2 政治关联与绿色创新

民营企业高管产生绿色创新行为的政治动机通常体现在与政府建立或维持政治关联。从高管自身角度来看,与上述国企高管的政治晋升动机类似,政治关联建立所需的政治身份对民营企业高管而言同样是一种政府对高管的政治激励,也是提升社会地位、实现自我价值和满足精神层面需求的体现,而且可以增强高管对政府官员身份的认可(邬爱其和金宝敏,2008;宋增基,等,2013;曹伟,等,2016),这使得民营企业的高管与国有企业的高管一样更加响应政府的环保和创新政策,更有动力做出绿色创新的行为决策。此外,企业的政治关联主要是由企业高管通过选举获得政治身份或直接聘任具有政治关联的高管而形成的。出于借助政治身份强化企业与政府之间的关联的原因,尤其是当前能源和环境的限制越来越大的情况下,企业需要通过绿色创新行为这一高质量的显性行为进一步扩大自身的政治影响力(吴丽君,2019)。因此,企业高管出于与政府建立、保持或强化既有的联系的动力,会倾向于采取绿色创新行为。

从企业层面来看,在我国处于转型期的经济背景下,由于市场制度、法律规范等方面的不完善,政治关联通常被看作是外部监督、法律保护等机制的替代形式(田利辉和张伟,2013;王军会,2019),以此来弥补薄弱的制度环境(Huang et al.,2021),使得企业有寻求建立或保持政治关联的动机。根据资源基础观,创新需要资金、人力和技术等各类资源的支撑,政治关联作为一种独特的政治资源(Faccio，2006)，也是一种创新资源，可以为企业带来获取信息的便利性、税惠、补贴、资金或其他政策支持等方面的“政治偏袒”(田利辉和张伟，2013；Lin et al.，2014；Tsai et al.，2019；Huang et al.，2021)。当企业高管将与政府的关联视为这种资源时，企业往往会有动力使用各种方式与政府建立联系(Faccio，2006；Lin et al.，2014)。由于绿色创新的显著性、高质量和受青睐等特征(于飞，等，2021)，企业可能会将绿色创新行为视为一种寻租手段(张宏亮，等，2017)，通过绿色创新行为获得政府的信任并由此建立或强化政治关联。不仅如此，具有政治关联的民营企业往往比没有政治关联的企业有更高的政治敏感度，更了解国家和地方政府的政策和考核要求，也对国家政策、地方政府创新专利考核要求等有迎合态度，容易产生绿色创新活动或一些迎合性创新行为(黎文靖和郑曼妮，2016；吴丽君，2019)。因此，为了寻求或巩固政治关联，企业将更有动力采取绿色创新活动去建立关系。基于此，提出以下假设：

H7：民营企业绿色创新存在政治关联动机，表现为政治关联动机越强的企业，越倾向于绿色创新。

综合上述的分析，图 3-3 展示了企业各类绿色创新动机与绿色创新行为的理论假设关系。

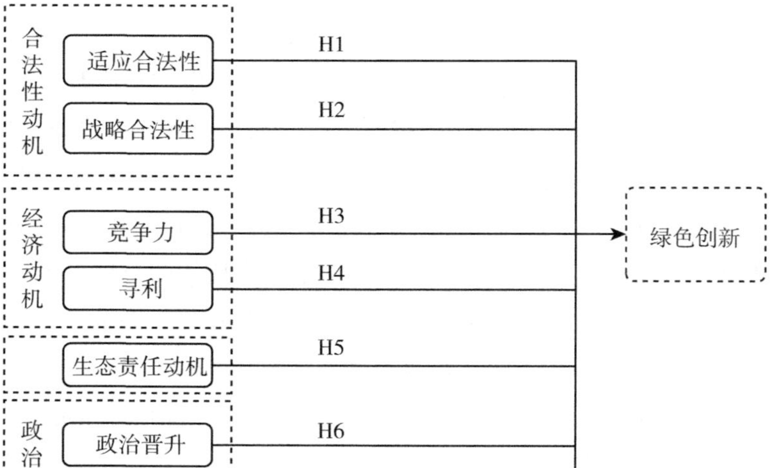

图 3-3　企业绿色创新动机与行为路径关系的研究框架

第四章　企业绿色创新动机的识别和检验

4.1　研究设计

4.1.1　样本选择与数据来源

本书选择制造业作为研究对象来检验企业的绿色创新动机，原因主要有三个：(1)制造业对环境造成的影响相对较大。作为环境敏感性行业，制造业的生产过程与环境直接相关，对环境的影响也是相对其他行业最直接与最明显的(Bansal & Roth，2000；González-Benito & González-Benito，2005；Williamson et al.，2006；Kraus et al.，2020)，尤其是传统的制造模式对环境的负面影响尤为严重。OECD(2009)指出制造业占据了资源消耗和废物排放的很大一部分。(2)制造业企业是绿色创新的主要发明主体和应用载体。根据《上市公司行业分类指引(2012)》划分的行业分类，除金融业外，图 4-1 反映了各行业的企业绿色专利申请量，其中"C"类行业代码指代的制造业绿色专利申请量最高，而其他行业的绿色专利申请量均较低，可见，制造业是绿色创新最活跃的行业。(3)制造业面临的环境法律法规相对严格。因此，面对当前日趋严格的环保力度以及全球对节能减排和绿色低碳的关注，我国制造业行业传统的高耗能高污染的发展方式亟须发生转变。而旨在通过改进产品生产流程和产品设计来减少污染排放的绿色创新有助于加快制造业生产结构调整和推动其生产方式的转变，促进企业实现绿色转型发展。据此，本书以我国上市制造业企业的数据为样本来实证检验我国企业绿色创新的动机。

考虑到 2008 年金融危机因素可能导致的数据突变或异常问题，为保证实证

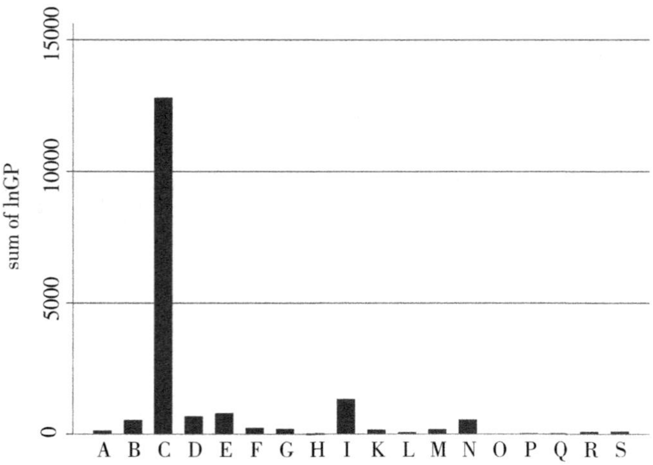

图 4-1　各行业的企业绿色创新申请量①

结论的真实性与可靠性，本书未考虑 2008 年及以前的样本。另外，由于本书关键变量测量所需的生态责任评分的相关数据是从 2010 年起始的，故本书最终选取的样本区间为 2010—2018 年的制造业企业数据。本书采用的企业绿色创新数据主要来源于中国研究数据服务(CNRDS)平台；企业基本特征、财务信息及其他数据主要来源于中国研究数据服务(CNRDS)平台、国泰安(CSMAR)数据库以及上市公司年报和社会责任报告等。考虑到部分数据存在缺失值、异常值等情况，本书对搜集到的原始数据进行了筛选与处理：(1)剔除 ST/ST＊企业样本；(2)剔除资不抵债样本；(3)对绿色创新专利的缺失值用固定值 0 补齐；(4)剔除相关变量缺失样本；(5)为避免 IPO 影响，剔除上市时间低于一年的企业。为控制极端值影响，本书还对连续变量进行了上下 1%的 Winsorized 处理。最终获得的有效样本量为 7701。

---

① 横坐标“A～S”是证监会 2012 年修订的《上市公司行业分类指引》中的行业分类代码，分别具体指代：农、林、牧、渔业；采矿业；制造业；电力、热力、燃气及水生产和供应业；建筑业；批发和零售业；交通运输、仓储和邮政业；住宿和餐饮业；信息传输、软件和信息技术服务业；房地产业；租赁和商务服务业；科学研究和技术服务业；水利、环境和公共设施管理业；居民服务、修理和其他服务业；教育；卫生和社会工作；文化、体育和娱乐业；综合。

4.1.2 变量选取与测度

4.1.2.1 被解释变量

被解释变量为绿色创新(lnGP)。现有的文献中关于绿色创新的测量方法主要是从投入和产出两个视角出发(崔广慧和姜英兵，2019；Ouyang et al.，2020；Brunnermeier & Cohen，2003；Kesidou & Wu，2020；王晓琪，等；2020)。从创新投入视角来看，文献常以绿色研发投入/环保投入、研发人员数量等指标来衡量绿色创新。然而，关于绿色研发投入这类指标在国内尚无统一的独立核算，完整获取难度较大；而且这类衡量手段无法对绿色创新进行进一步分类，从而无法体现企业在绿色创新方面的层次(Fankhauser et al.，2013)。从创新产出视角来看，作为产出衡量标准的绿色专利虽不能完整体现企业的绿色创新水平，但其反映了创新过程中的标准做法(Brav et al.，2018)，囊括了企业重要的可申请专利的创新，又能在数据上体现企业绿色创新的层次(Johnstone et al.，2010；Fankhauser et al.，2013)，如外观设计专利、实用新型专利和发明专利的分类。此外，绿色专利数据较易获取，排除了仅代表低水平发明的创新，现实中那些未获得专利但具有社会经济意义的发明的数量非常有限(Dernis & Guellec，2001；Johnstone et al.，2010)。因此，专利数据已被普遍用于绿色创新的研究中，被认为是衡量企业创新水平或创新绩效的有效指标(Griliches，1990；Johnstone et al.，2010；李婉红，2015)。而且，专利申请量比授权量更能反映企业的真实创新水平(黎文靖和郑曼妮，2016；Hu et al.，2020)。

因此，本书参考李青原和肖泽华(2020)和王晓琪等(2020)等的测量方式，用绿色专利申请量来反映企业的绿色创新水平，将获得的企业绿色创新专利申请量，采取加1取自然对数的处理，作为最终衡量企业绿色创新水平的指标，并用lnGP表示。其中，企业的绿色专利数量来源于CNRDS数据库，是结合世界知识产权组织(WIPO)推出的“国际专利绿色分类清单”的IPC分类号从我国家知识产权局中检索得到的。

4.1.2.2 解释变量

根据前文的分析，绿色创新的动机分别为：合法性动机(适应性合法性和战略性合法性)、经济动机(竞争力和寻利)、生态责任动机(生态责任)和政治动机(政治晋升和政治关联)。鉴于动机本身具有一定的抽象性、主观性和不易直接获取等局限性，现有文献大多采用问卷调查的方式来直接衡量(Chen et al.，2012；Agan et al.，2013；Hojnik & Ruzzier，2016；解学梅和朱琪玮，2021a)。然而，有效问卷的获取难度较大，因此，部分研究转而通过选取不同的客观指标作为代理指标来间接衡量企业的动机(高勇强，等，2012；王军会，2019)。因此，本书参考上述方式，分别选取相关的代理指标以间接检验企业绿色创新动机的存在性。

(1)适应合法性动机

合法性是保持企业长期合法、合规存续的必要条件(Bansal & Roth，2000)。然而，大多数的企业在最初并不会选择去积极地寻求合法性，而是被动地采取反应性行为去模仿同行的绿色创新行为，从而借此来适应或者顺应外界的压力(Bansal & Roth，2000；Babiak & Trendafilova，2011)。因此，企业可能会因为位于同一地区并受到相同环境法规的约束而开发相似类型的绿色创新(Kunapatarawong & Martínez-Ros，2016)。考虑到各个行业特征的差异性以及企业模仿同行采取绿色创新的滞后性，本书采用上期同年同行业①同地区企业绿色创新的平均水平(leg_conf)来考察适应合法性对企业绿色创新行为的效应，即：

$$\text{leg\_conf}_i = \frac{\sum_{j \neq i} L_{j,\ t-1}}{N - 1} \tag{4-1}$$

其中，N 表示该行业内的企业总量，$L_{j,t-1}$ 表示除本企业外行业内第 j 个企业的绿色专利申请量加 1 的自然对数。

(2)战略合法性动机

战略合法性动机是指企业从战略主动的角度采取制度规划和绿色培训等能够积极获取合法性的行为，从而提高政府、社会公众和投资者等利益相关者的满意度与信任度的动机。

参考解学梅和朱琪玮(2021a)对企业战略合法性的测量方式，本书选取能够

① 同行业是指《上市公司行业分类指引(2012)》中行业代码前三位(包括字母)相同的行业。

影响战略合法性的6个特征变量构建衡量指标(leg_stra)，该6个因素均为虚拟变量，分别为：企业是否参与环保相关的教育与培训；企业是否在环境保护方面获得荣誉或奖励、企业是否参与环保专项活动和环保等社会公益活动、企业是否单独发布环境报告、企业发布的年报是否披露环境相关信息和企业发布的社会责任报告是否披露环境相关信息。若是，取值1；反之，取值0。最终的衡量指标为所有特征变量的值取均值，最终获得战略合法性指标的取值。

(3)竞争力动机

Bansal & Roth(2000)指出竞争性代表企业试图通过获得竞争优势实现利益最大化的目标。市场竞争水平反映了行业的竞争情况，能够影响企业的行为并决定如何采取行为与外界互动(Teece，2007；Shu et al.，2020)，必要时(如行业竞争激烈)企业需要通过提供更低的价格、更好的产品或技术与竞争对手相区分(D' Aveni et al.，2010)，从而获取或保持自己的竞争优势。同样的，在企业创新活动方面，当企业面临的市场竞争程度越激烈，企业越可能通过绿色行为来区别于竞争对手，从而保持自身的竞争优势并实现经济利益(Bae，2014；Allet，2014；Lin et al.，2014)。赫芬达尔-赫希曼指数(HHI)是市场竞争程度的有效反映。本书采用HHI来计算企业的竞争程度。该数值越小，竞争程度越激烈，该值越大，则竞争程度越弱。由于该指标为逆向指标，故本书进行了1减HHI的处理方式，具体计算方式如下：

$$\text{econ\_compete} = 1 - \text{HHI} = 1 - \sum_{i=1}^{n} (A_i/A)^2 \tag{4-2}$$

其中，econ_compete为影响企业绿色创新的竞争性动机强弱程度的指标；A表示行业的总资产规模；A_i表示第i个企业的资产规模；n表示行业内的企业数量总数。由于HHI指标的取值范围为(0，1]，因此，econ_compete的取值范围为[0，1)。具体地，当econ_compete取值为0时，表示企业并无这类竞争性动机；econ_compete数值越大，表示企业的竞争性动机越强烈。

(4)寻利动机

企业的逐利性往往决定了任何潜在的、可预期的收益都可能会触发企业的环境行为，其中预期收益可以包含成本节约、客户满意度的提升、新市场机会、利润提高和政策补贴等多方面(Simpson et al.，2004；Williamson et al.，2006；Agan et al., 2013; Hojnik & Ruzzier, 2016)。政府补助在一定程度上可以减轻企业绿色创新的成本投入，可能是企业采取绿色创新行为所能获得的较为直观和可预见的收益。因此，此处采用政府对企业的绿色补助这一变量，并进行标准化的处理，将政府的绿色补助占企业资产的百分比作为企业寻求潜在收益的衡量指标，即寻利动机的衡量指标(econ_benefit)。其中，政府的绿色补助数据是通过对企业年报中的政府补助科目下的明细项目进行“环保”“循环”“可持续”“再生”“生态”“减污”等环保相关的关键词的检索，并将关键词对应的各项绿色补助项目加总所得，即为最终的该企业获得的政府绿色补助金额。

(5)生态责任动机

企业环境道德是企业自愿保护生态环境的一种信念，也会影响企业的行为决策，拥有环境道德信念的企业认为保护环境是一件正确且值得做的事情(Bansal & Roth, 2000)。生态责任正是企业在环境保护方面的道德理念的重要体现，是企业为维护生态环境而承担起的责任。对于企业的生态责任动机，本书采用和讯网发布的上市公司社会责任评分中的生态责任评分(env)来衡量。生态责任评分占据了企业总体社会责任评分20%的比重，具体包含了企业的环保意识、环境管理体系认证、环保投入金额、排污种类数以及节约能源种类数五个维度的评分指标。

(6)政治晋升动机

任期常被用于度量政治激励(徐现祥和王贤彬, 2010; 张兆国, 等, 2014; 李溪, 等, 2018; 张兆国, 等, 2020), 其作为企业高管在认知、知识和权力等方面的代理变量(Finkelstein & Hambrick, 1990), 是影响创新行为的高管特质中的重要方面。较长的任期有利于政治激励作用的发挥(徐现祥和王贤彬, 2010), 从而去激发企业创新研发投入程度的增加(Barker & Muller, 2002; 王燕妮和宋婷, 2013), 而任期越短或越临近任期结束时间，高管可能更安于现状，对创新行为所需的资源、能力等方面的积累也不足，导致企业采取创新行为的积极性较低(He & Tian, 2013; 李溪, 等, 2018)。再者，管理者在任期的不同阶段对企业的绿色创新、并购和社会捐赠等活动会做出不同的决策，任期较长的管理者更可能愿意并且有足够的时间去实施绿色创新这类经过相对较长周期才能产生效益的策略(张兆国, 等, 2020), 并为自己树立良好的社会形象，以此作为未来谋求政治晋升的业绩之一(张宏亮和王靖宇，2017)；而任期较短的高管可能更关注能够快速实现效益的活动(如社会捐赠)来增加业绩(张兆国，等，2014)。此外，国有企业的董事长更关注政治升迁激励，而总经理及其他非关键高管可能更倾向于关注物质激励(宋德舜，2004)。因此，本书采用企业关键高管即董事长的既有任期来衡量国有企业高管政治晋升激励的强度，将截止样本年份高管已在任的年数记为PP。若既有任期较长，则说明国企高管的政治晋升激励程度较强。

(7)政治关联动机

本书采用政治关联来表示民营企业高管的政治激励。政治身份是政治关联成立的基础条件，企业高管可以通过人大代表或政协委员等身份来建立政治关联(吴丽君，2019)。根据 Fan et al.(2007)、潘红波等(2008)、Conyon et al.(2015)和党力等(2015)对政治关联的定义及测量，本书采用民营企业高管(董事长或总经理)是否现任或曾任政府官员、人大代表或政协委员等职务来衡量，记为PC。若是，则取值1，若否，则取值为0。

4.1.2.3 控制变量

借鉴 Horbach(2008)与解学梅和朱琪玮(2021a)等对企业绿色创新的研究，除了上述主要解释变量之外，本书还选取了其他可能影响企业绿色创新行为的因素作为控制变量(见表4-1)，主要包括企业规模、负债能力、成长能力、盈利能力和治理结构等方面的因素。

(1)企业规模(size)。企业规模是企业绿色行为的影响因素之一(Aragón-Correa，1998；Fankhauser et al.，2013)，能在一定程度上代表企业潜在的创新能力。大企业往往比小企业拥有更多的资源和能力，从而有效促进企业的绿色创新(Lin et al.，2014)。企业规模的测量通常采用员工人数、资产规模、销售收入来衡量(Clarkson et al.，2011；Lin et al.，2014；齐绍洲，等，2018；Truong et al.，2021)，本书采用企业员工总数加1的自然对数作为企业规模的衡量指标(Horbach，2008；Hashi & Stojcčić，2013；Lin et al.，2014)。

(2)企业年龄(lnage)。已上市时间在一定程度上代表着企业的成熟度，上市的时间久，企业的成熟度较高，相比于初创企业，成熟度较高的企业在资源、创新能力或盈利能力等方面具备一定的优势。本书采用企业已上市年数加1后的自然对数来衡量企业的年龄(Horbach，2008；齐绍洲，等，2018；Shu et al.，2020；解学梅和朱琪玮，2021a)。

(3)负债水平(leverage)：银行对企业的贷款体现了市场投资者对企业的信用评价(Colombo et al.，2013；王珍愚，等，2021)，可以向外界传达其对企业各方面能力的信心，这也有利于企业有更多的资金进行绿色创新。因此，本书考虑用企业负债总额占企业资产总额的比例来衡量企业的负债水平(齐绍洲，等，2018；王珍愚，等，2021；Hu et al.，2020)。

(4)运营能力(TAT)：总资产周转率反映了企业整体资产的经营能力，体现了企业未来的发展前景，因此，本书采用总资产周转率来衡量企业的运营能力(陈晨，2019)。

(5)营业利润率(profit)：企业经营的利润率反映了企业经营的能力和财务资源，财务资源较好的企业更容易投资绿色创新活动(Lin et al.，2014)。故本书采用企业当期的营业利润占营业总收入来衡量企业的营业利润率(Lin et al.，2014；解学梅和朱琪玮，2021)。

(6)资本密集度(capital_intensity)：创新活动需要长期的资本投入，因此，资本密集度也可能会影响企业的创新(Brunnermeier & Cohen，2003)。本书采用固定资产净额占资产总额的比例来衡量企业的资本密集度(崔广慧和姜英兵，2019)。

(7)两职合一(duality)：董事长、总经理两个职位是否同一人兼任，若由同一人兼任，则取值为1，若非同一人兼任，则取值为0(陈晨，2019；王馨和王营，2021)。

(8)股权制衡(share_balance)：股权制衡体现了企业大股东与其他股东之间的相互制衡程度，会影响企业的决策效率乃至企业价值(王旭和王兰，2020)。本书的企业股权制衡程度以排名前2~5名的股东持股数量占第一大股东持股数量的比例来衡量。

(9)现金流水平(cashflow)：企业的资金若受到约束，将会影响企业对创新活动的资金投入。因此，本书用经营活动产生的现金流量净额占企业资产总额的比例来表示(沈宇峰和徐晓东，2019；陈晨，2019；王馨和王营，2021)。

(10)虚拟变量：由于我国各地经济发展水平差异较大，东部地区相对比中西部地区的经济发达，因此，考虑到企业的地区异质性和时间因素的影响，本书还设置了地区和时间的虚拟变量。

表 4-1 **变量定义与说明**

变量名称	变量代码	变量描述
被解释变量：		
绿色创新	lnGP	企业绿色专利申请量加 1 后的自然对数
解释变量：		
合法性动机影响指标		
适应合法性	leg_conf	上期同年同行同地区的企业平均绿色创新申请量加 1 后的自然对数
战略合法性	leg_stra	选取五个战略合法性动机方面的影响因素，构建衡量指标：(是否参与环保相关的教育与培训+是否获得环保方面的荣誉或奖励、是否参与环保专项活动等社会公益活动+是否单独发布环境报告+上市公司年报是否披露环境相关信息+社会责任报告是否披露环境相关信息)/5
经济动机影响指标		
竞争力	econ_compete	根据 1-HHI 计算得出，其中 HHI 采用企业资产总额的口径进行计算
寻利	econ_benefit	企业获得的绿色补助总额占其资产总额的百分比
生态责任动机影响指标		
生态责任	env	和讯网社会责任评分中的环境责任评分
政治动机影响指标		
政治晋升	PP	至样本年份为止，高管已任职年数
政治关联	PC	董事长或总经理是否曾任或现任人大代表、政协委员或政府官员等，是取值 1，否取值 0
控制变量：		
企业规模	size	员工人数的自然对数
企业年龄	lnage	企业已上市年数加 1 后取自然对数
负债水平	leverage	负债总额/资产总额

续表

变量名称	变量代码	变量描述
运营能力	TAT	总资产周转率
营业利润率	profit	当期的营业利润占营业总收入比率
资本密集度	capital_intensity	固定资产净额/资产总额
现金流水平	cashflow	经营活动产生的现金流量净额/资产总额
两职合一	duality	董事长与总经理兼任情况：1=同一人；0=不同一人
股权制衡	share_balance	排名前2~5名的股东持股数量占第一大股东持股数量的比例

4.2 模型设定与方法

本书首先构建基准回归模型，用以检验假设1至7。模型具体设定如下：

$$\ln GP = \alpha_0 + \alpha_1 \text{Motivation} + \alpha_2 X + \sum \text{Prov} + \sum \text{Year} + \varepsilon \tag{4-3}$$

其中，被解释变量lnGP表示上市制造业企业的绿色创新申请量加1的自然对数；Motivation是解释变量，表示企业绿色创新动机的衡量指标，具体包含适应合法性(leg_conf)、战略合法性(leg_stra)、竞争力(econ_compete)、寻利(econ_benefit)、生态责任(env)、政治晋升(PP)和政治关联(PC)；X是控制了潜在地影响企业绿色创新的变量，具体包括企业规模(lnasset)、企业年龄(lnage)和负债水平(leverage)等指标，具体见表4-1变量定义与说明。Prov和Year分别为地区和时间虚拟变量，表示控制了地区和时间的影响。α_0为常数项，α_1和α_2分别为解释变量和控制变量的系数。ε为随机扰动项。

由于被解释变量企业绿色创新水平一般不小于0，而且本书的样本企业中有相当数量的企业的绿色创新水平为0，即有一部分样本数据被归并为0，符合Type I Tobit模型(也称“归并模型”，以下简称“Tobit模型”)的设定。故本书选择Tobit模型对企业绿色创新行为的动机进行实证分析，以期检验前文提出的假设。

4.3 描述性统计

表4-2为企业绿色创新及其动机等变量的描述性统计特征。表中显示我国上市制造业企业绿色创新水平(lnGP)的平均值为0.951，远低于最大值6.094，标准差为1.177，说明企业间绿色创新水平差距较大；中位数为0.693，低于平均水平，从一定程度上表明我国上市制造业企业的整体绿色创新水平偏低。其中，国有企业的平均绿色创新水平(lnGP)为1.091，高于民营企业0.897的平均绿色创新水平，也高于总样本中企业的平均绿色创新水平(0.951)，表明国有企业样本的绿色创新水平在整体上高于其他性质的企业。从企业的合法性动机来看，适应合法性(leg_conf)的均值为0.807，最大值为4.844，标准差为0.675，说明样本企业的适应合法性差异较大；战略合法性(leg_stra)的均值为0.167，中位数为0.166，最大值为1，说明企业间的战略合法性差异不大。从企业绿色创新的经济动机来看，竞争力动机(econ_compete)的均值为0.936，中位数为0.954，最大值为0.987，标准差为0.051，说明上市制造业企业进行绿色创新的竞争性动机整体处于较高水平，且样本企业在统计特征上差异不大；寻利动机(econ_benefit)的均值为0.011，中位数为0，最大值为0.308，标准差为0.034，表明大部分的制造企业并没有追求额外潜在利益的动机，寻利动机普遍处于较低水平且企业间的差异不大。从生态责任动机来看，企业生态责任(env)的标准差较大，为5.631，均值为2.111，中位数为0，最大值为30，说明上市制造业企业之间进行绿色创新的生态责任动机在统计特征上存在较大差异，且企业的生态责任整体水平偏低。从政治动机来看，代表国企政治动机的高管晋升激励水平(PP)的均值(中位数)为3.772(3)，最大值为17，标准差为3.462，高管平均已任职近4年，企业高管之间既有任期差别明显，表明样本国有上市制造业企业间的高管晋升激励差异较大。从代表民营企业政治动机的代理变量政治关联(PC)，可以看出平均约40%的企业建立了政治关联。

关于其他控制变量的基本特征，企业规模(size)的均值(中位数)为7.739(7.665)，表明样本中大部分企业规模略偏小。企业的平均上市年数(lnage)为1.959，标准差为0.756，样本间差异较大。企业的平均负债水平(leverage)为

0.390，中位数为0.382，标准差为0.186，可见样本企业财务杠杆不低。企业董事长与总经理职位由同一人兼任(duality)的企业约占30%。代表股权制衡的排名第2~5名的股东持股总数占第一大股东持股数的平均比例(share_balance)为0.702，中位数为0.559，可见样本企业存在股权制衡度较高的现象。其他变量的差异均不是特别大，较为稳定。

表4-2 **描述性统计**

总样本								
variable	mean	min	p25	p50	p75	max	sd	*N*
lnGP	0.951	0	0	0.693	1.609	6.094	1.177	7701
leg_conf	0.807	0	0.264	0.719	1.212	4.844	0.675	7701
leg_stra	0.167	0	0	0.167	0.166	1.000	0.175	7701
econ_compete	0.936	0.421	0.909	0.954	0.975	0.987	0.051	7701
econ_benefit	0.011	0	0	0	0.003	0.308	0.034	7701
env	2.111	0	0	0	0	30	5.631	7701
size	7.739	3.466	7.001	7.665	8.423	11.500	1.047	7701
lnage	1.959	0	1.386	1.946	2.639	3.367	0.756	7701
leverage	0.390	0.047	0.241	0.382	0.529	0.877	0.186	7701
TAT	0.673	0.083	0.428	0.596	0.829	2.612	0.356	7701
profit	0.085	−0.622	0.028	0.076	0.140	0.508	0.104	7701
cashflow	0.045	−0.168	0.008	0.043	0.081	0.238	0.059	7701
capital_intensity	0.229	0.003	0.129	0.204	0.306	0.703	0.132	7701
duality	0.293	0.000	0.000	0.000	1.000	1.000	0.455	7701
share_balance	0.703	0.025	0.266	0.559	0.993	2.828	0.558	7701
国有企业								
variable	mean	min	p25	p50	p75	max	sd	*N*
lnGP	1.091	0	0	0.693	1.946	6.094	1.252	2163
PP	3.772	0	1	3	6	17	3.462	2163
size	8.190	4.615	7.440	8.137	8.863	11.500	1.059	2163*N*
lnage	2.526	0	2.303	2.708	2.890	3.367	0.543	2163
leverage	0.474	0.050	0.331	0.485	0.621	0.877	0.184	2163

续表

国有企业								
variable	mean	min	p25	p50	p75	max	sd	N
TAT	0. 760	0. 083	0. 472	0. 670	0. 941	2. 612	0. 412	2163
profit	0. 056	−0. 612	0. 012	0. 047	0. 097	0. 463	0. 102	2163
cashflow	0. 043	−0. 168	0. 007	0. 038	0. 076	0. 238	0. 058	2163
capital_intensity	0. 257	0. 006	0. 135	0. 228	0. 348	0. 703	0. 153	2163
duality	0. 110	0	0	0	0	1	0. 314	2163
share_balance	0. 523	0. 025	0. 140	0. 358	0. 710	2. 826	0. 512	2163
民营企业								
variable	mean	min	p25	p50	p75	max	sd	N
lnGP	0. 897	0	0	0. 69315	1. 609	5. 557	1. 142	5538
PC	0. 401	0	0	0	1	1	0. 490	5538
size	7. 562	3. 466	6. 869	7. 508	8. 185	11. 457	0. 988	5538
lnage	1. 738	0	1. 099	1. 792	2. 197	3. 296	0. 712	5538
leverage	0. 357	0. 047	0. 214	0. 342	0. 487	0. 873	0. 176	5538
TAT	0. 638	0. 083	0. 416	0. 571	0. 786	2. 559	0. 326	5538
profit	0. 096	−0. 622	0. 038	0. 090	0. 153	0. 508	0. 103	5538
cashflow	0. 045	−0. 164	0. 009	0. 045	0. 082	0. 238	0. 059	5538
capital_intensity	0. 218	0. 003	0. 127	0. 197	0. 288	0. 699	0. 121	5538
duality	0. 364	0	0	0	1	1	0. 481	5538
share_balance	0. 773	0. 026	0. 343	0. 643	1. 073	2. 828	0. 559	5538

为了解企业绿色创新动机的地域差异特征，表 4-3 进一步呈现了我国上市制造业企业注册地分别在东部、中部、西部和东北四个区域①的样本变量描述性统

① 国家统计局给出的地区划分如下：
东部：北京、天津、河北、上海、江苏、浙江、福建、山东、广东和海南。
中部：山西、安徽、江西、河南、湖北和湖南。
西部：内蒙古、广西、重庆、四川、贵州、云南、西藏、陕西、甘肃、青海、宁夏和新疆。
东北：辽宁、吉林和黑龙江。

计特征。根据表中内容显示，注册地在东部地区的上市制造业企业的平均绿色创新水平(lnGP)分别为0.985，高于注册地在中部、西部和东北地区的上市制造业企业平均绿色创新水平(0.965、0.812和0.581)，且高于表4-2所示的样本内所有上市制造业企业0.951的平均绿色创新水平(东部>中部>平均>西部>东北)，表明东部地区的制造业企业绿色创新水平相对较高。从企业绿色创新的合法性动机来看，注册地在东部地区的制造业企业的适应合法性(leg_conf)指标普遍高于其他地区(东部>平均>中部>西部>东北)；西部地区的制造业企业的战略合法性(leg_stra)指标高于其他地区(西部>东部>平均>中部>东北)。从经济动机来看，竞争力(econ_compete)和寻利动机(econ_benefit)指标的均值都显示中、西部地区高于其他地区(中部≈西部>平均>东部>东北；西部>中部>东北>平均>东部)。从生态责任动机来看，注册地在西部地区的企业生态责任(env)平均水平最高(西部>中部>平均>东北>东部)。从政治动机来看，东、西部地区国有企业的政治晋升动机(PP)较高，高于国有企业的整体平均水平(西部>东部>平均>东北>中部)。东北和中部地区的民营企业的政治关联度(PC)高于其他地区(东北>中部>平均>东部>西部)。综合来看，虽东部地区的企业整体绿色创新水平较高，但企业的绿色创新动机强度并不总是高于其他地区的企业，仅适应合法性水平最高，这可能是由于东部地区的企业发展的市场环境、制度环境等相对更完善。

表4-3　**基于地区差异的变量描述性统计**

variable	东部地区(5557)			中部地区(1087)			西部地区(822)			东北地区(235)		
	mean	p50	sd	mean	p50	sd	mean	p50	sd	mean	p50	sd
lnGP	0.985	0.693	1.191	0.965	0.693	1.195	0.812	0.000	1.109	0.581	0.000	0.884
leg_conf	0.836	0.749	0.633	0.806	0.693	0.765	0.701	0.549	0.781	0.507	0.231	0.709
leg_stra	0.169	0.167	0.175	0.152	0.167	0.157	0.180	0.167	0.205	0.137	0.167	0.141
econ_compete	0.934	0.954	0.053	0.945	0.955	0.040	0.945	0.963	0.043	0.930	0.951	0.055
econ_benefit	0.010	0	0.032	0.013	0	0.036	0.016	0	0.039	0.012	0	0.036
env	2.069	0	5.556	2.202	0	5.726	2.277	0	6.008	2.104	0	5.598
PP	3.825	3	3.529	3.513	2	3.306	3.927	3	3.485	3.622	3	3.178
PC	0.391	0	0.488	0.469	0	0.499	0.355	0	0.479	0.543	1	0.500

续表

variable	东部地区(5557)			中部地区(1087)			西部地区(822)			东北地区(235)		
	mean	p50	sd	mean	p50	sd	mean	p50	sd	mean	p50	sd
size	7.704	7.627	1.045	7.807	7.782	1.021	7.883	7.802	1.090	7.731	7.644	1.008
lnage	1.901	1.946	0.757	2.076	2.197	0.725	2.133	2.303	0.730	2.205	2.485	0.783
leverage	0.381	0.373	0.184	0.396	0.388	0.185	0.429	0.424	0.190	0.431	0.416	0.178
TAT	0.677	0.610	0.339	0.693	0.599	0.399	0.616	0.530	0.360	0.667	0.495	0.488
profit	0.088	0.080	0.099	0.077	0.066	0.107	0.074	0.064	0.126	0.074	0.055	0.111
cashflow	0.047	0.045	0.059	0.040	0.036	0.060	0.040	0.039	0.057	0.029	0.029	0.061
capital_intensity	0.223	0.200	0.129	0.243	0.220	0.128	0.250	0.219	0.149	0.225	0.188	0.139
duality	0.319	0.000	0.466	0.244	0.000	0.430	0.178	0.000	0.382	0.319	0.000	0.467
share_balance	0.714	0.574	0.558	0.695	0.553	0.554	0.669	0.500	0.570	0.595	0.457	0.516

注：其中 PP(PC)为国有企业样本(民营企业样本)的数据，东部、中部、西部和东北地区的样本量分别为：1246、415、383 和 119(4311、372、439 和 116)。

4.4 相关性分析

本节对主要变量进行了相关性分析，以初步判断前述的理论假设，表 4-4 显示了主要变量间的 Pearson 相关系数矩阵。根据表 4-4 所示的结果可以看出：

从代表合法性动机的指标来看，适应合法性动机(leg_conf)、战略合法性动机(leg_stra)均与企业绿色创新水平(lnGP)在 1%的水平下呈显著正相关关系，初步判断合法性动机是企业绿色创新的动机之一。从代表经济动机的指标来看，竞争力(econ_compete)与企业绿色创新(lnGP)呈正相关关系，且在 1%水平上显著；寻利动机(econ_benefit)与企业绿色创新(lnGP)呈正相关关系，但并不显著，初步判断经济动机的竞争力动机存在，寻利动机的存在性有待进一步考证。从代表生态责任动机的指标来看，企业生态责任(env)与企业绿色创新(lnGP)的相关系数同样在 1%的水平下显著为正，初步表明具有生态责任动机的企业更倾向于进行绿色创新，即生态责任动机也是企业绿色创新的动机之一。从代表政治动机的指标来看，政治晋升(PP)与企业绿色创新(lnGP)之间呈显著正相关关系，而政治关联(PC)与企业绿色创新存在负相关关系，表明国有企业中政治晋升动机可能存在，但是，民营企业中政治关联可能在对企业采取绿色创新行为的影响之中充当了抑制剂的作用而非激励作用。

表 4-4 相关性分析

	lnGP	leg_conf	leg_stra	econ_compete	econ_benefit	env
lnGP	1					
leg_conf	0. 274***	1				
leg_stra	0. 182***	0. 041***	1			
econ_compete	0. 048***	0. 038***	0. 026**	1		
econ_benefit	0. 016	−0. 038***	−0. 009	−0. 013	1	
env	0. 087***	−0. 071***	0. 143***	−0. 061***	0. 043***	1
PP	0. 154***	0. 023	0. 101***	0. 114***	0. 050**	−0. 017
PC	−0. 022	−0. 085***	−0. 017	−0. 033**	0. 017	0. 087***
size	0. 356***	−0. 019*	0. 244***	−0. 130***	0. 054***	0. 222***
lnage	0. 135***	−0. 038***	0. 180***	0. 012	0. 036***	0. 120***
leverage	0. 216***	0. 011	0. 073***	−0. 103***	0. 058***	0. 115***
TAT	0. 037***	−0. 061***	0. 011	−0. 090***	0. 058***	0. 110***
profit	−0. 041***	−0. 032***	0. 025**	0. 059***	−0. 074***	−0. 004
cashflow	−0. 029**	−0. 073***	0. 093***	−0. 005	0. 011	0. 057***
capital_intensity	−0. 106***	−0. 157***	0. 085***	−0. 023**	0. 149***	0. 075***
duality	−0. 040***	0. 015	−0. 056***	0. 006	−0. 044***	−0. 084***
share_balance	0. 016	0. 047***	0. 025**	0. 053***	−0. 023**	−0. 047***
	PP	PC	size	lnage	leverage	TAT
PP	1					
PC	–	1				
size	0. 130***	0. 015	1			
lnage	0. 085***	−0. 048***	0. 400***	1		
leverage	0. 029	−0. 018	0. 436***	0. 389***	1	
TAT	−0. 025	0. 016	0. 332***	0. 151***	0. 242***	1

续表

	PP	PC	size	lnage	leverage	TAT
profit	0.046**	0.002	−0.099***	−0.231***	−0.436***	−0.120***
cashflow	0.077***	0.009	0.151***	0.079***	−0.124***	0.173***
capital_intensity	0.019	0.045***	0.189***	0.170***	0.181***	0.053***
duality	0.042*	−0.074***	−0.145***	−0.226***	−0.119***	−0.102***
share_balance	0.019	−0.006	−0.133***	−0.191***	−0.129***	−0.122***
	profit	cashflow	capital_intensity	duality	share_balance	
profit	1					
cashflow	0.308***	1				
capital_intensity	−0.214***	0.190***	1			
duality	0.076***	−0.021*	−0.085***	1		
share_balance	0.055***	−0.036***	−0.043***	0.026**	1	

注：* 表示 $p < 0.10$，** 表示 $p < 0.05$，*** 表示 $p < 0.01$。

此外，为了避免潜在的多重共线性问题对实证结果造成影响，本书进一步进行了方差膨胀因子(VIF)检验，检验结果如表 4-5 所示，各变量之间的 VIF 值均远小于 10，模型的 VIF 均值同样远小于最大容忍度 10，故可以推断不存在严重的多重共线性问题。

表 4-5 **VIF 检验**

Variable	全样本		国企政治晋升		民营政治关联	
	VIF	1/VIF	VIF	1/VIF	VIF	1/VIF
leg_conf	1.23	0.812				
leg_stra	1.32	0.759				
econ_compete	1.11	0.904				
econ_benefit	1.06	0.944				
env	1.25	0.803				
PP			1.18	0.850		
PC					1.07	0.933

续表

Variable	全　样　本		国企政治晋升		民营政治关联	
	VIF	1/VIF	VIF	1/VIF	VIF	1/VIF
size	1. 67	0. 598	1. 39	0. 719	1. 56	0. 642
lnage	1. 50	0. 666	1. 30	0. 769	1. 41	0. 707
leverage	1. 68	0. 594	1. 58	0. 631	1. 59	0. 631
TAT	1. 31	0. 764	1. 31	0. 766	1. 32	0. 755
profit	1. 52	0. 659	1. 55	0. 645	1. 48	0. 674
cashflow	1. 36	0. 737	1. 31	0. 765	1. 40	0. 713
capital_intensity	1. 31	0. 765	1. 31	0. 762	1. 27	0. 790
duality	1. 11	0. 897	1. 06	0. 941	1. 09	0. 919
share_balance	1. 10	0. 905	1. 18	0. 850	1. 07	0. 939
prov	<10		<10		<10	
year	<10		<10		<10	
Mean VIF	1. 59		1. 52		1. 71	

4. 5　企业绿色创新动机的基础回归结果分析

表 4-6 报告了基于模型(4-3)关于动机与企业绿色创新之间的 Tobit 回归结果。第(1)列检查了企业规模、年龄和负债水平等控制变量的影响。第(2)—(8)列为在(1)的基础上分别加入了适应合法性动机(leg_conf)、战略合法性动机(leg_stra)、竞争力动机(econ_compete)、寻利动机(econ_benefit)、生态责任动机(env)、政治晋升动机(PP)和政治关联动机(PC)进行回归得到的结果。回归结果如表 4-6 Tobit 模型估计结果所示，适应合法性动机(leg_conf)、战略合法性动机(leg_stra)、竞争力动机(econ_compete)、寻利动机(econ_benefit)、生态责任动机(env)和政治晋升动机(PP)的系数均在 1%的显著性水平下显著为正，模型的参数符号以及显著性均与预期相一致，研究假设 1~6 得到了实证支持，验证了合法性动机、经济动机、生态责任动机和国有企业政治晋升动机是企业进行绿色创新的动机。而民营企业的政治关联动机(PC)对企业的绿色创新并无显著影

响，故假设 7 不成立，即民营企业绿色创新的政治动机不存在。这可能是由于政治关联的影响具有双面性，当企业的目的是通过政治关联来寻求合作或者寻求更多的创新资源时，企业会更有动力进行绿色创新。然而，当企业是出于利用政治关联来避免违规成本(如环境法律法规的惩罚)时，政治关联就容易削弱企业进行绿色创新的主动性和积极性(Guo et al.，2020)。同时，政治关联的建立需要投入大量的财务和时间等资源，这在一定程度上也会挤占企业有限的资源。最终，政治关联这两方面的矛盾影响导致了政治关联动机的不显著。

关于控制变量对绿色创新的影响，从结果可以看出，企业规模(size)能显著正向影响企业绿色创新，说明大企业会更多地参与绿色创新。负债水平(leverage)同样显著正向影响企业绿色创新，表明负债水平高的企业更倾向于参与绿色创新，该结论与王晓祺等(2020)、王珍愚等(2021)相一致。资本密集度(capital_intensity)则对企业绿色创新具有显著负向的影响，这表明资本密集度越高，即固定资产占资产总额的比例越高，越不利于企业进行绿色创新。这可能是因为企业的固定资产比例过高，会导致企业的资金流不足，无法保证研发资金的持续投入。

表 4-6　**Tobit 模型估计结果**

	(1)	(2)	(3)	(4)	(5)	(6)	(7)	(8)
	lnGP							
leg_conf		0.575***						
		(0.059)						
leg_stra			0.517***					
			(0.177)					
econ_compete				3.379***				
				(1.129)				
econ_benefit					2.466***			
					(0.823)			
env						0.023***		
						(0.006)		
PP							0.053***	
							(0.018)	

续表

	(1)	(2)	(3)	(4)	(5)	(6)	(7)	(8)
	lnGP							
PC								0.004
								(0.089)
size	0.672***	0.674***	0.654***	0.694***	0.671***	0.646***	0.726***	0.621***
	(0.048)	(0.047)	(0.049)	(0.048)	(0.048)	(0.048)	(0.076)	(0.060)
lnage	-0.064	-0.018	-0.072	-0.077	-0.063	-0.077	-0.358***	0.001
	(0.059)	(0.057)	(0.059)	(0.059)	(0.059)	(0.059)	(0.131)	(0.072)
leverage	1.378***	1.227***	1.390***	1.427***	1.375***	1.361***	0.781*	1.608***
	(0.263)	(0.255)	(0.262)	(0.261)	(0.262)	(0.262)	(0.468)	(0.313)
TAT	-0.445***	-0.430***	-0.444***	-0.450***	-0.454***	-0.440***	-0.272	-0.517***
	(0.131)	(0.126)	(0.131)	(0.131)	(0.132)	(0.131)	(0.210)	(0.154)
profit	-0.097	0.081	-0.144	-0.150	-0.076	-0.157	-1.289**	0.254
	(0.350)	(0.342)	(0.350)	(0.349)	(0.350)	(0.350)	(0.620)	(0.411)
cashflow	-0.722	-0.579	-0.733	-0.695	-0.722	-0.776	0.680	-1.362**
	(0.535)	(0.520)	(0.534)	(0.535)	(0.534)	(0.533)	(0.929)	(0.630)
capital_intensity	-2.162***	-1.841***	-2.228***	-2.206***	-2.236***	-2.188***	-2.730***	-1.919***
	(0.337)	(0.328)	(0.337)	(0.332)	(0.338)	(0.335)	(0.515)	(0.426)
duality	-0.074	-0.061	-0.068	-0.072	-0.072	-0.069	-0.553***	0.022
	(0.083)	(0.079)	(0.082)	(0.082)	(0.082)	(0.082)	(0.197)	(0.092)
share_balance	0.098	0.096	0.096	0.090	0.099	0.095	0.239*	0.063
	(0.073)	(0.070)	(0.073)	(0.073)	(0.073)	(0.073)	(0.136)	(0.085)
Constant	-4.958***	-5.435***	-4.834***	-8.215***	-4.954***	-4.818***	-4.539***	-4.717***
	(0.373)	(0.359)	(0.375)	(1.122)	(0.372)	(0.369)	(0.768)	(0.444)
Prov	Yes	Yes	Yes	Yes	Yes	Yes	Yes	Yes
Year	Yes	Yes	Yes	Yes	Yes	Yes	Yes	Yes
N	7701	7701	7701	7701	7701	7701	2163	5538
r2_p	0.084	0.096	0.084	0.086	0.084	0.085	0.124	0.078
aic	20612.198	20327.342	20599.194	20556.847	20599.775	20581.750	5922.562	14572.157

注：(1) * 表示 $p < 0.10$，** 表示 $p < 0.05$，*** 表示 $p < 0.01$。(2)表中数值为模型的系数，括号中的数值为聚类到企业层面的稳健标准误。

为进一步探索样本企业间绿色创新动机诱发的绿色创新行为是否有差异，本书根据专利类型进一步将绿色创新区分为绿色发明专利（lnGPinv）和绿色实用新型专利（lnGPuti），并运用模型（4-3）再次进行回归估计。表 4-7 的第（1）—（7）列为绿色创新动机对绿色发明专利的影响，第（8）—（14）列为绿色创新动机对绿色实用新型专利的影响。结果显示，适应合法性动机（leg_conf）、战略合法性动机（leg_stra）、生态责任动机（env）和政治晋升动机（PP）的系数在 1%水平上显著为正，表明这些动机都能诱发企业进行绿色发明创新和绿色实用新型创新。竞争力动机（econ_compete）和寻利动机（econ_benefit）能显著诱发企业产生更多的绿色发明专利，但不能显著诱发企业产生更多的绿色实用新型专利。这表明以竞争力和寻利为动机的企业往往更倾向于采取难度较高的绿色创新行为，以获取更多的潜在利益。出现这样的绿色创新类型偏好可能是因为相比于难度较低的绿色实用新型专利，绿色发明专利则更深入专注于探索新的技术，能够实现技术的进步，具备较高的技术水平和技术难度（Brav et al., 2018），具有这样特征的专利不容易被竞争对手模仿，这有利于帮助企业进一步建立技术壁垒，形成核心竞争力。因此，出于经济动机而进行绿色创新的企业会更倾向于选择难度较高的绿色创新类型。另外，根据结果显示，民营企业的政治动机（PC）依旧无法显著影响企业的绿色创新行为。综合来看，除竞争力和寻利动机之外，企业不同的绿色创新动机偏好的绿色创新类型的差异不大。

表 4-7　　企业绿色创新动机与不同类型的绿色创新行为

lnGPinv	(1)	(2)	(3)	(4)	(5)	(6)	(7)
leg_conf	0.505***						
	(0.060)						
leg_stra		0.460**					
		(0.195)					
econ_compete			3.989***				
			(1.229)				
econ_benefit				2.738***			
				(0.878)			

续表

lnGPinv	(1)	(2)	(3)	(4)	(5)	(6)	(7)
env					0.021***		
					(0.006)		
PP						0.052***	
						(0.019)	
PC							-0.013
							(0.093)
Control	Yes	Yes	Yes	Yes	Yes	Yes	Yes
Constant	Yes	Yes	Yes	Yes	Yes	Yes	Yes
Prov	Yes	Yes	Yes	Yes	Yes	Yes	Yes
Year	Yes	Yes	Yes	Yes	Yes	Yes	Yes
N	7701	7701	7701	7701	7701	2163	5538
r2_p	0.094	0.084	0.087	0.084	0.084	0.124	0.075
aic	16953.545	17137.710	17078.117	17132.489	17124.269	5146.609	11898.553
lnGPuti	(8)	(9)	(10)	(11)	(12)	(13)	(14)
leg_conf	0.505***						
	(0.056)						
leg_stra		0.437***					
		(0.167)					
econ_compete			1.144				
			(0.994)				
econ_benefit				1.175			
				(0.843)			
env					0.021***		
					(0.005)		
PP						0.044***	
						(0.016)	
PC							0.051
							(0.086)
Control	Yes	Yes	Yes	Yes	Yes	Yes	Yes

续表

lnGPuti	(8)	(9)	(10)	(11)	(12)	(13)	(14)
Constant	Yes	Yes	Yes	Yes	Yes	Yes	Yes
Prov	Yes	Yes	Yes	Yes	Yes	Yes	Yes
Year	Yes	Yes	Yes	Yes	Yes	Yes	Yes
N	7701	7701	7701	7701	7701	2163	5538
r2_p	0.108	0.092	0.092	0.092	0.093	0.137	0.086
aic	17116.374	17412.922	17417.153	17420.690	17395.872	4925.966	12399.928

注：(1) * 表示 $p < 0.10$，** 表示 $p < 0.05$，*** 表示 $p < 0.01$。(2)表中数值为模型的系数，括号中的数值为内聚类到企业层面的稳健标准误。

4.6 稳健性检验

4.6.1 改变计量模型

为检验上述回归结果的稳健性，本书采用变换计量模型来检验估计结果的稳健性，包括如下三种方式：(1)采用企业有无绿色创新申请来衡量企业是否进行绿色创新(if_GP)。若是，则取值1，否则0，并运用logit模型进行估计(见表4-8第(1)—(3)列)。(2)选取绿色专利申请量作为绿色创新的度量指标。由于申请量的取值范围为非负整数，故采用负二项回归进行估计(见表4-8第(2)—(6)列)。(3)采用最小二乘法(OLS)再次进行估计检验(见表4-8第(7)—(9)列)。如表4-8所示，除战略合法性动机(leg_stra)的显著性有所降低的情况之外，适应合法性动机(leg_conf)、竞争力动机(econ_compete)、寻利动机(econ_benefit)、生态责任动机(env)和政治晋升动机(PP)的存在性基本得到了验证，表明假设1、3—6的实证结果是稳健的，假设2的结果略不稳健，因此支持假设1、3—6，部分支持假设2。民营企业的政治关联动机(PC)则仍不显著，说明假设7不成立的结果也是稳健的。

表 4-8　　改变计量模型的稳健性检验

	(1)	(2)	(3)	(4)	(5)	(6)	(7)	(8)	(9)
	logit			nbreg			ols		
leg_conf	0.633***			0.582***			0.348***		
	(0.069)			(0.073)			(0.037)		
leg_stra	0.553***			0.242			0.344***		
	(0.205)			(0.188)			(0.106)		
econ_compete	3.866***			3.846***			1.777***		
	(0.869)			(0.954)			(0.526)		
econ_benefit	2.441***			2.427**			1.402***		
	(0.906)			(1.074)			(0.511)		
env	0.024***			0.015**			0.011***		
	(0.006)			(0.006)			(0.003)		
PP		0.060***			0.045***			0.038***	
		(0.022)			(0.016)			(0.012)	
PC			-0.032			-0.004			0.021
			(0.091)			(0.093)			(0.049)
Control	Yes	Yes	Yes	Yes	Yes	Yes	Yes	Yes	Yes
Constant	Yes	Yes	Yes	Yes	Yes	Yes	Yes	Yes	Yes
Prov	Yes	Yes	Yes	Yes	Yes	Yes	Yes	Yes	Yes
Year	Yes	Yes	Yes	Yes	Yes	Yes	Yes	Yes	Yes
N	7699	2153	5538	7701	2163	5538	7701	2163	5538
r2							0.276	0.340	0.210
r2_p	0.140	0.163	0.103	0.065	0.080	0.057			
aic	9270.263	2547.323	6983.400	33706.972	10293.200	23460.748	21985.193	6299.400	15978.496

注：(1) * 表示 $p < 0.10$，** 表示 $p < 0.05$，*** 表示 $p < 0.01$。(2)表中数值为模型的系数，括号中的数值为聚类到企业层面的稳健标准误。

4.6.2　改变解释变量测量方式

本书还尝试对解释变量寻求替代变量，以期进一步检验实证结果的稳健性。

对于适应合法性动机，本书采用上期同年同行业的企业平均绿色创新申请水平(leg_conf2)做替代变量，即把$L_{j,t-1}$替换为除本企业外同一行业内第j个企业的上期绿色专利申请量加1的自然对数。

对于战略合法性动机，由于企业已获得的荣誉或称号等可以向外界传递一种可信赖的信号，从而帮助企业对外塑造良好的形象，而良好的组织形象又有利于企业获取战略合法性(Tornikoski & Newbert，2007；解学梅和朱琪玮，2021a)，因此，对于战略合法性动机的测量指标的替代变量，本书采用企业是否在环境保护方面获得相关荣誉或奖励(是，取值1，否则0，记为leg_stra2)来作为替代变量。

对于竞争力动机，行业绿色创新竞争程度也能较好地反映该企业所在行业的绿色创新平均水平。因此，此处以绿色专利授权数据作为计算口径，同时考虑从专利申请到授权存在一定的滞后性，把上述公式(2)中的资产规模A_i替换为滞后一期的绿色专利授权量加1的自然对数(econ_compete2)。

对于寻利动机，本书对寻利动机采用营业收入标准化方式重新进行度量，即企业获得的绿色补助总额占其营业收入的百分比(econ_benefit2)。

对于生态责任动机的测量指标，本书选取企业是否披露环保理念、环境方针、环境管理组织结构、循环经济发展模式或绿色发展等情况作为替代变量(env2)，若企业披露相关信息，则赋值为1，若否，则为0。

对于政治晋升动机，根据Kale et al.(2009)、杨瑞龙等(2013)、曹伟等(2016)和卢馨等(2016)的研究，此处选取资产收益率水平、任期总长度、高管教育程度、高管年龄和性别作为衡量政治晋升激励水平的特征变量。具体地：(1)资产收益率水平：有研究显示绩效是政治晋升的关键因素，故采用资产收益率作为特征变量之一。若资产收益率高于行业的平均水平，则取值1；反之为0(曹伟，等，2016)。(2)高管任期总长度：高管任期结束年份减去高管任期开始年份，若任期总长度超过两年，则取值1，否则取值0。(3)高管教育程度：高管的教育程度是影响企业管理层做出最终决策的因素之一(杨瑞龙，等，2013)，因为其在决定某项策略时往往会依赖自身的知识和理解(Delmas & Toffel，2008)。因此，此处选择当高管学历至少为博士研究生时，取值为1；反之，取值0。(4)高管年龄：高管年龄过高、越临近退休，其晋升的概率越低(卢馨，等，2016)。

因此，若高管年龄低于50岁，设置为1；反之为0。(5)高管性别：性别男取值1，否则为0。最终构建高管政治晋升激励的替代变量PP2为上述五个特征变量的均值。

对于政治关联动机的测量指标，本书采用政治关联级别(PC2)作为原指标的替代变量(Fan et al.，2007；Huang et al.，2021)，并通过赋值来表示政治关联的程度。具体地，将国家级政治关联取值4，省级政治关联取值3，市级政治关联取值2，区县级及以下政治关联取值1。数值越大，表示政治关联度越强，数值为0则表示并无政治关联。

表4-9分别汇报了各替代变量的稳健性检验结果，可以看出，除民营企业的政治动机(PC2)之外，各个动机测量指标的替代变量与企业绿色创新均呈显著正向相关的关系。总体上，稳健性检验支持了前面的回归结果，假设1至假设6成立，假设7不成立。

表4-9 替换核心解释变量测量方式的稳健性检验

	(1)	(2)	(3)	(4)	(5)	(6)	(7)
	lnGP						
leg_conf2	1.627***						
	(0.094)						
leg_stra2		0.164*					
		(0.092)					
econ_compete2			3.124***				
			(0.397)				
econ_benefit2				1.354***			
				(0.394)			
env2					0.274***		
					(0.077)		
PP2						0.982***	
						(0.196)	
PC2							−0.001
							(0.023)

续表

	(1)	(2)	(3)	(4)	(5)	(6)	(7)
	lnGP						
Control	Yes	Yes	Yes	Yes	Yes	Yes	Yes
Constant	Yes	Yes	Yes	Yes	Yes	Yes	Yes
Prov	Yes	Yes	Yes	Yes	Yes	Yes	Yes
Year	Yes	Yes	Yes	Yes	Yes	Yes	Yes
N	7701	7701	7701	7701	7701	7701	7701
r2_p	0.122	0.084	0.098	0.084	0.085	0.087	0.084
aic	19756.609	20609.778	20298.457	20596.823	20591.938	20548.747	20614.196

注：(1) * 表示 $p < 0.10$，** 表示 $p < 0.05$，*** 表示 $p < 0.01$。(2)表中数值为模型的系数，括号中的数值为聚类到企业层面的稳健标准误。

4.6.3 改变被解释变量测量方式

本书对被解释变量测量方式做了三种改变，再次进行了稳健性检验。第一，将前文用绿色创新专利申请量作为度量的方式更改为用绿色创新专利授权量作为替代变量，并同样采取加 1 取自然对数的处理，记作 lnGP_grant。基于此，对前文企业绿色创新的动机再次进行实证检验(见表 4-10 第(1)—(3)列)。第二，参考李青原和肖泽华(2020)等，将绿色创新质量作为衡量企业绿色创新水平的替代变量。创新质量反映了企业对绿色创新的追求以及其所带来的生产力和影响力，本书参考 Brav et al. (2018)等基于专利被引用的次数来考量创新质量，高被引专利往往比低被引专利更重要且具有更大的技术影响力，相应的专利质量也越高。由于申请年份可以更好地捕捉创新的实际时间(Griliches et al., 1988)，也是对当前技术应用和创新的总结(Boeing, 2016; Hu et al., 2020)，故本书采用企业当年申请的绿色专利在随后 3 年内排除企业自身引用后的平均被引用次数来衡量绿色创新质量，并同样采取加 1 取自然对数的处理，记作 lncite_N(见表 4-10 第(4)—(6)列)。第三，考虑到企业从动机到产生绿色创新行为并申请专利可能存在一定的时滞性，故采用了 $t+1$ 期的绿色创新申请量度量指标($lnGP_{t+1}$)，也将其作为被解释变量进行稳健性检验(见表 4-11 第(1)—(3)列)。第四，从投入角度来看，借鉴于飞等(2019)，采用研发投入来衡量企业的绿色创新水平，由于企业缺乏专门的绿色创新投入的核算，故以企业当年绿色创新申请量占当年所有专利申请量的比例作为权重来衡量企业在绿色创新方面的研发投入(研发投入 * 当年绿色创新申请量占当年所有专利申请量的比例)，此处记作 invest(见表 4-11 第(4)—(6)列)。

从表 4-10 和表 4-11 的稳健性估计结果来看，当被解释变量企业绿色创新的测量方式更改后，适应合法性动机(leg_conf)、战略合法性动机(leg_stra)、竞争力动机(econ_compete)、寻利动机(econ_benefit)、生态责任动机(env)和政治晋升动机(PP)仍能使得企业产生绿色创新行为，且均至少在 5%水平下显著，而民营企业政治动机(PC)仍不显著，与前述的结论保持一致，表明实证结果的可靠性。因此，稳健性检验结果依旧支持前文的假设 1-6 成立，不支持假设 7。

表 4-10　　改变被解释变量测量方式的稳健性检验一

	(1)	(2)	(3)	(4)	(5)	(6)
	lnGP_grant			lnN_cite		
leg_conf	0.545***			0.428***		
	(0.056)			(0.049)		
leg_stra	0.498***			0.322**		
	(0.147)			(0.149)		
econ_compete	2.894***			3.493***		
	(0.823)			(0.750)		
econ_benefit	1.978**			1.523**		
	(0.776)			(0.688)		
env	0.018***			0.018***		
	(0.005)			(0.005)		
PP		0.050***			0.041***	
		(0.016)			(0.014)	
PC			0.072			0.011
			(0.086)			(0.086)
Control	Yes	Yes	Yes	Yes	Yes	Yes

续表

	(1)	(2)	(3)	(4)	(5)	(6)
	lnGP_grant			lnN_cite		
Constant	Yes	Yes	Yes	Yes	Yes	Yes
Prov	Yes	Yes	Yes	Yes	Yes	Yes
Year	Yes	Yes	Yes	Yes	Yes	Yes
N	7701	2163	5538	7701	2163	5538
r2_p	0.100	0.131	0.073	0.130	0.137	0.111
aic	18388.552	5329.129	13301.178	12034.721	3882.030	8306.625

注：(1) * 表示 $p<0.10$，** 表示 $p<0.05$，*** 表示 $p<0.01$。(2)表中数值为模型的系数，括号中的数值为聚类到企业层面的稳健标准误。

表 4-11　　改变被解释变量测量方式的稳健性检验二

	(1)	(2)	(3)	(4)	(5)	(6)
	$\ln GP_{t+1}$			invest		
leg_conf	0.592***			3.752***		
	(0.059)			(0.390)		
leg_stra	0.391**			2.919**		
	(0.163)			(1.136)		
econ_compete	3.316***			26.317***		
	(0.848)			(5.401)		
econ_benefit	3.103***			14.484***		
	(0.799)			(5.457)		
env	0.020***			0.141***		
	(0.005)			(0.034)		
PP		0.048***			0.294***	
		(0.019)			(0.114)	
PC			−0.049			−0.212
			(0.089)			(0.625)
Control	Yes	Yes	Yes	Yes	Yes	Yes
Constant	Yes	Yes	Yes	Yes	Yes	Yes
Prov	Yes	Yes	Yes	Yes	Yes	Yes

续表

	(1)	(2)	(3)	(4)	(5)	(6)
	$lnGP_{t+1}$			invest		
Year	Yes	Yes	Yes	Yes	Yes	Yes
N	7688	2156	5532	7369	1984	5385
r2_p	0.096	0.113	0.074	0.040	0.044	0.032
aic	21274.607	6200.989	15373.528	35963.141	10401.084	25776.182

注：(1) * 表示 $p < 0.10$，** 表示 $p < 0.05$，*** 表示 $p < 0.01$。(2)表中数值为模型的系数，括号中的数值为聚类到企业层面的稳健标准误。

4.7　本章小结

本章基于前文构建的企业绿色创新动机理论模型和提出的研究假设，以2010—2018年我国上市制造业企业为样本，对企业绿色创新的动机进行了识别，实证检验结果具体如图4-2所示。根据图4-2显示，大部分的研究假设均得到了

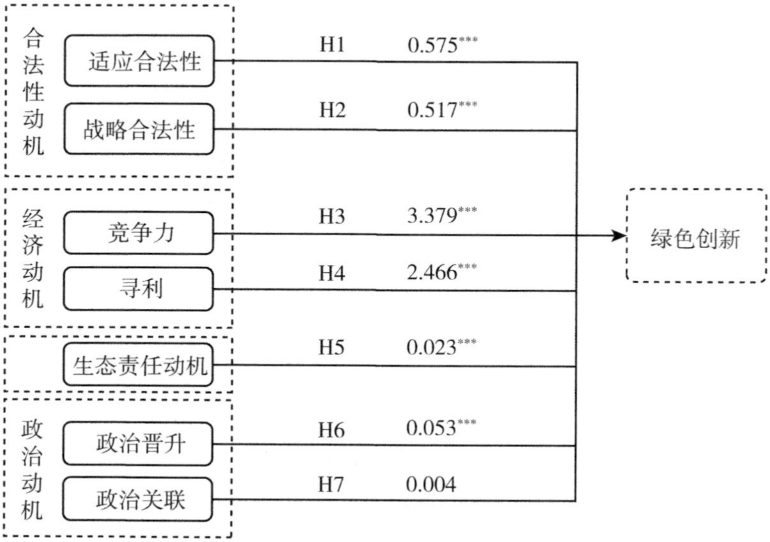

图4-2　企业绿色创新动机与行为关系的检验结果

验证。其中，实证结果支持假设1、3至6，部分支持假设2，不支持假设7，基本证实了我国上市制造业企业的绿色创新动机理论模型。这说明我国企业绿色创新存在适应合法性动机、战略合法性动机、竞争力动机、寻利动机、生态责任动机以及国有企业的政治晋升动机，民营企业的政治关联动机则不存在。

此外，本章进一步分析了样本企业间绿色创新动机诱发的绿色创新行为的差异，发现适应合法性、战略合法性、生态责任动机和政治晋升动机能同时诱发企业进行绿色发明创新和绿色实用新型创新。竞争力动机和寻利动机则仅能有效诱发企业产生更多的绿色发明专利，对企业的绿色实用新型创新并没有显著影响。这一检验结果揭示了不同的动机并非总是能够同时诱发企业采取所有类型的绿色创新行为。

第五章　企业绿色创新的结果研究

绿色创新动机的存在性可以通过绿色创新行为来表现，而绿色创新行为的有效性通常又可以通过绿色创新的结果表现来判断。因此，企业是否值得通过绿色创新实现绿色化取决于绿色创新是否能给企业带来良好的结果。良好的绿色创新结果表明了绿色创新行为的有效性或可行性，也可以进一步从侧面验证动机的存在性。

企业绿色创新行为的结果包含了多方面，如企业绩效、企业声誉或形象、可持续竞争力等（Porter & van der Linde，1995；Gilley et al.，2000；Ar，2012；Agan et al.，2013；Dangelico & Pontrandolfo，2013；Latupeirissa & Adhariani，2020）。其中，企业绩效通常涵盖了经济绩效、环境绩效和社会绩效等。绿色创新的众多结果指标中最为直观、可判断的当属经济方面的结果。而且，企业是以盈利为目的经济行为主体，经济方面的绩效通常是企业首先关注和权衡的，因此，有无潜在的经济效益是企业是否采取绿色创新行为的主要关注点。由于环境绩效和社会绩效的数据获取难度较大，因此，后文的企业绩效一般指经济绩效。另外，声誉是企业拥有的独特的无形资产，也是企业竞争力的一种具体表现，是企业获得竞争优势并获得长足发展的关键。在媒体舆论影响力不断增强的信息化时代，企业的声誉对于获得顾客的信赖、占领市场份额和提升竞争力等都有着举足轻重的影响（Chen，2008a；Liao，2018；解学梅和朱琪玮，2021b）。相比于企业有形的经济绩效，企业无形的声誉更能反映社会对企业综合情况的认可程度。因此，本书从企业经济绩效和声誉两个方面来研究企业绿色创新的结果，依照“行为—结果”的路径提出假设并进行实证检验，以从侧面进一步验证企业的绿色创新动机的存在性和有效性。

5.1 企业绿色创新行为与结果

5.1.1 企业绿色创新与经济绩效

企业是经济行为组织，获取利润才是企业运作的根本，因此，对于企业来说，能够为企业带来好的经济绩效的绿色创新才是成功的。一般来说，最初企业的绿色创新大多侧重于以控制或减少污染物排放，节省成本为导向的产品、流程或服务等方面的创新(Chen et al.，2006；Weng et al.，2015)。具体地，在绿色流程创新方面，从降低成本角度来看，一方面，随着日趋收紧的环境政策，企业一旦造成环境污染，面临的处罚以及后续的污染治理费用将给企业造成不小的成本负担。绿色创新(如污染控制技术等)有助于企业在生产过程中减少污染物的排放，从而弥补或规避因过度的污染物排放而面临的合规成本和污染罚款等支出(Li，2014)。另一方面，污染是资源未充分利用的表现(Porter & van der Linde，1995)，而绿色创新能够替代传统粗放型的生产方式，有效提高企业的资源效率和生产力，减少生产所需的原材料和燃料等的消耗(Chen et al.，2006；Song & Yu，2018)，从而降低企业的生产成本。从提升收益角度来看，企业生产过程中的废物回收利用后可转化为可出售的产品，可以为企业提供一些额外的收入(Porter & van der Linde，1995；Eiadat et al.，2008)。其次，在绿色产品创新方面。随着消费者环保主义的流行和环境法规的日趋严格，各界对绿色产品的需求也随之增加，关注环境保护的新的细分市场出现(Young et al.，2010)。绿色产品创新所创造的绿色产品、工艺或服务能够满足市场的需求，帮助企业抓住新的增长机会，占据市场份额，从而改善企业的业绩。再者，在绿色管理创新方面，绿色创新反映了企业内部通过相关运营活动进行环境保护的管理改革(Ambec & Lanoie，2008；Zhang et al.，2020)。因此，绿色管理有助于企业重新对内部资源进行分配，有效提高管理效率，实施更经济环保的战略决策和行为，从而改善企业的绩效结果并助力企业整体的经济发展(Abbas & Sagsan，2019；Shu et al.，2020；Zhang et al.，2020)。

绿色创新是以环保技术创新为核心的，涉及诸如节能、预防污染、回收和绿色产品设计等方面的技术创新(Eiadat et al., 2008; Song & Yu, 2018; Soewarno, 2019)。基于资源基础观，良好的绿色技术创新具有稀有性、价值性和不可完全模仿性等特征，可以为企业提供可持续的竞争优势(Barney, 1991)。企业如果在这一方面处于领先地位，将有利于其建立技术壁垒并形成先发优势，从而创造出一种能够有效保护企业的竞争优势并使得企业优先获益的隔离机制(Chang, 2011)。而且，成功的创新能够提升竞争对手模仿的难度，使得企业更好地维持优势(García-Morales et al., 2007)，达到提升企业绩效的目的。同时，具有领先优势的绿色技术和产品还能够以较高的价格出售，以此来获得绿色溢价，从而进一步为企业赢得更多的利润。

现有关于绿色创新与企业绩效的关系的文献研究尚无统一定论，部分研究认为绿色创新对企业绩效有显著的积极影响(Porter & van der Linde, 1995; Eiadat et al., 2008; Li, 2014; 解学梅，等，2019; Shu et al., 2020)，但也有研究认为绿色创新对企业的绩效并无益处(李怡娜和叶飞，2013; Aguilera-Caracuel & Ortiz-de-Mandojana, 2013; Duque-Grisales et al., 2020)，甚至会给企业带来额外的成本和负担(Rennings, 2000; Ambec & Lanoie, 2008; 杨静，等，2015a)。Grewatsch & Kleindienst(2017)通过识别并审查大量企业可持续发展与绩效相关文献，结果显示有59%的研究发现企业的可持续发展与绩效之间存在正相关关系，而其他研究则认为企业的可持续发展与绩效之间存在负向、不显著或其他复杂的关系。类似大部分的研究，本书根据前文的文献分析，同样认为企业的绿色创新行为是有益于企业绩效的。因此，提出如下假设：

H8：我国企业绿色创新对企业的经济绩效有显著的积极影响。

5.1.2　企业绿色创新与企业声誉

在污染日益严重而环保呼声越来越高的时代，企业任何的环境污染事件都可能导致消费者、投资者和其他利益相关者对其失去信心，从而导致企业声誉的受损，而且还会面临相关的法律处罚(Eiadat et al., 2008; Laari et al., 2017)。而良好的绿色创新活动涉及节能高效、预防污染和废物回收等，一方面有利于为企业传达与塑造一种亲环境的意图和行为，加强企业积极的绿色信号释放，与利益相关者建立和谐发展的关系，从而提高企业在所有关键利益相关者眼中的声誉

(Shrivastava，1995；Agan et al.，2013；Li，2014)；另一方面，绿色创新可以帮助企业挽回注重环境保护的流失客户的同时吸引更多的有环保需求的新客户，提高客户黏性和忠诚度(Qiu et al.，2020)，而且能吸引投资者的兴趣，在投资者社交网络中形成良好的声誉。此外，绿色创新还有利于企业借助改善的对外关系来避免未来可能存在的对企业其他活动产生负面影响的不良声誉风险(Zutshi & Sohal，2004；Allet，2014)。从企业内部来看，绿色创新可以通过在员工中产生对组织更强烈的认同感和信任感，带来内部声誉收益(Driessen et al.，2013)。反之，如企业是一个环境不友好企业，员工容易产生消极怠工或拒绝在这样的企业工作，这样不利于企业声誉的建立和维护(Welford，1998；Eiadat et al.，2008)。因此，有些企业愿意甚至迫切采取符合自身利益的各类绿色环保活动，以此来尽快提升企业的绿色声誉(Reinhardt et al.，2008)。基于此，提出如下假设：

H9：企业绿色创新对企业声誉有显著的正向作用。

根据上述企业绿色创新“行为—结果”的路径形成了如图 5-1 所示的理论假设关系。

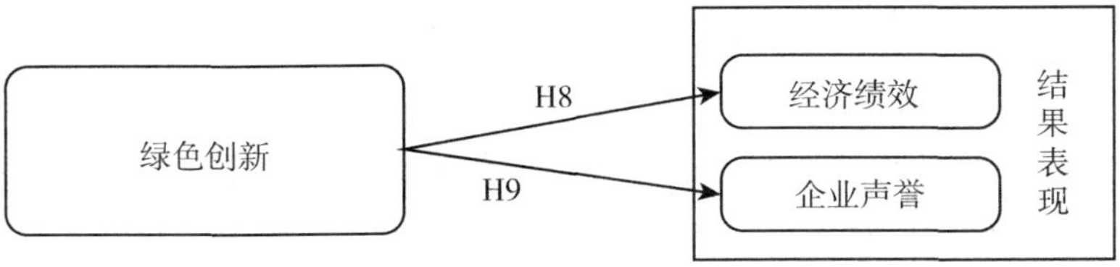

图 5-1　企业绿色创新行为与结果路径关系的研究框架

5.2 研究设计

5.2.1 样本选择与数据来源

本章沿用前述第四章的样本，即以 2010—2018 年我国上市制造业企业为研究对象。与前文一样，本书选用的企业绿色创新数据主要来源于中国研究数据服务(CNRDS)平台，企业绩效信息来源于国泰安(CSMAR)数据库，企业基本特征及其他数据主要来源于中国研究数据服务(CNRDS)平台和国泰安(CSMAR)数据库等。考虑到部分数据存在缺失值、异常值等情况，本书对搜集到的原始数据进行了筛选与处理：(1)剔除 ST/ST * 企业样本；(2)剔除资不抵债样本；(3)对绿色创新专利的缺失值用固定值 0 补齐；(4)剔除绩效等关键变量缺失样本；(5)为避免 IPO 影响，剔除上市年份低于一年的企业。为控制极端值影响，本书对连续变量进行上下 1%的 Winsorized 处理。最终的有效样本量为 7701。

5.2.2 变量选取与测度

5.2.2.1 被解释变量

(1)企业绩效

被解释变量为企业的经济绩效，是企业采取绿色创新行为可以受益的主要方面之一(Shu et al., 2020)。现有关于经济绩效的研究通常是基于财务会计方法和市场的反应，通常将企业盈利能力和成长性等作为评价维度(Ireland et al., 2003；Hojnik & Ruzzier, 2016)，较常用的指标有资产报酬率、股东权益报酬率和经济价值增加值等指标(杨东宁和周长辉，2004；Hojnik & Ruzzier, 2016；Xie et al., 2019a；Duque-Grisales et al., 2020)。由于财务指标是较易获取的，因此，本书以盈利性和成长性两个维度的财务指标作为企业经济绩效的代理指标。由于资产报酬率反映了企业过去活动的成果，是绿色创新文献中常用的衡量企业绩效的标准会计衡量指标之一(Aguilera-Caracuel & Ortiz-de-Mandohana, 2013；Xie et al., 2019a)，因此，本书最终选取资产报酬率(ROA)代表企业的盈利能力，选取近 3 年的销售收入增长率(sales)代表企业的成长性(Eiadat et al., 2008；周煊，等，2012)(见表 51)，从这两方面来衡量企业的经济绩效，指标值越高，说明企业获取利润越高、成长能力越强，表示企业的绩效越好。

(2)企业声誉

目前关于企业声誉的衡量主要是采用问卷调查或者财务指标的形式，其中，问卷的形式通常多种多样，较主要的是专门设计的量表(Zhu et al., 2014；唐贵瑶，等，2019)或《财富》杂志每年最受欢迎企业的评选结果(Liao, 2018)。由于问卷的方式通常具有较强的主观色彩，容易削弱声誉数据的可比性，且这种方式获取数据的难度较大；而《财富》杂志每年选出的企业数量有限，仅50家，且上市制造业企业在其中占比较少，因此，本书选取财务指标作为企业声誉的代理变量并进行实证分析。本书借鉴刘艳博和耿修林(2021)采用的方式，基于企业声誉是企业的一种重要的无形资产(Fombrun & Shanley，1990；Weiss et al.，1999；Zhu et al.，2014)这一特殊性质，以企业的无形资产净额来衡量企业的声誉，并进行取自然对数的处理，记作repu(见表5-1)。

表5-1 **变量选取与说明**

变量名称	变量代码	变量描述
被解释变量：		
盈利能力	ROA	总资产报酬率，即净利润/总资产平均余额的百分比
成长性	sales	近3年的销售收入增长率
企业声誉	value	无形资产净额的自然对数

5.2.2.2 解释变量

解释变量为企业绿色创新水平(lnGP)，变量的衡量方式与第四章提出的被解释变量相同，即对获得的企业绿色创新专利申请量采取加1取自然对数的处理。

5.2.2.3 控制变量

本章的控制变量与前面第四章中的变量一致，故不再赘述。

5.3 模型设定

为检验绿色创新在企业经济绩效和声誉方面的表现，本书构建了如下模型：

$$\text{Performance}_{it} = \alpha_0 + \alpha_1 \text{lnGP}_{it} + \alpha_2 X_{it} + \sum \text{year} + \sum \text{prov} + \varepsilon_{it} \tag{5-1}$$

其中，Performace_{it}分别代表了第t年第i个企业的盈利能力ROA_{it}、成长性sales_{it}

以及企业声誉水平 $repu_{it}$，$lnGP_{it}$代表了第 t 年第 i 个企业的绿色创新水平。X 是控制变量，包括企业规模(lnasset)、企业年龄(lnage)和负债水平(leverage)等指标，具体见表 4-1 变量定义与说明。Prov 和 Year 分别为地区和时间虚拟变量，表示控制了地区和时间的影响。α_0 为常数项，α_1 和α_2 分别为解释变量和控制变量的系数。ε为随机扰动项。

5.4 描述性统计

表 5-2 样本描述性统计的结果显示，企业资本报酬率(ROA)的均值为 4.909，中位数为 4.402，标准差为 4.804，说明样本中我国上市制造业企业的资本报酬率处于相对较低的水平，且企业之间的差距较大。销售收入增长率(sales)的均值为 14.378，高于中位数 9.564，说明样本中我国大部分上市制造业企业的销售收入增长率水平较低。企业声誉(repu)的均值为 18.540，略低于中位数 18.600，说明大部分的企业声誉处于平均水平以上。企业绿色创新水平以及控制变量的基本情况如前面第四章中的表 4-2 所示，故此处不再一一赘述。

表 5-2　　**样本描述性统计**

variable	mean	min	p25	p50	p75	max	sd	N
ROA	4.909	−14.851	1.913	4.402	7.435	22.624	4.804	7701
sales	14.378	−48.419	0.000	9.564	21.867	3482.023	45.251	7701
repu	18.540	0.000	17.810	18.600	19.367	22.199	1.571	7701

表 5-3 报告了不同地域的企业经济绩效和声誉的描述性统计结果。从平均水平来看，东部地区的企业资本报酬率(ROA)明显高于其他地区的水平，其他地区的资本报酬率(ROA)均处于制造业行业平均水平以下(东部>平均>中部>东北>西部)。销售收入增长率(sales)则显示中部和东北地区的企业平均水平高于东、西部地区的企业平均水平(东北>中部>西部>平均>东部)。从企业声誉来看，西部和东北地区的企业声誉(repu)水平普遍高于东、中部地区的企业声誉水平(西部>东北>平均>中部>东部)。

表 5-3　　　　不同地域的样本描述性统计

variable	东部地区(5557)			中部地区(1087)			西部地区(822)			东北地区(235)		
	mean	p50	sd	mean	p50	sd	mean	p50	sd	mean	p50	sd
ROA	5.127	4.601	4.766	4.686	4.064	4.843	3.966	3.308	4.944	4.083	3.549	4.531
sales	13.529	9.380	19.877	15.334	10.822	27.158	14.416	9.309	25.928	29.918	8.197	227.935
repu	18.500	18.561	1.499	18.512	18.548	1.917	18.797	18.864	1.436	18.720	18.921	1.804

5.5 相关性分析

表 5-4 为被解释变量资本报酬率、销售收入增长率和声誉，解释变量绿色创新水平以及主要控制变量的 Pearson 相关性检验结果。通过表中的结果可以看出，资本报酬率(ROA)与企业绿色创新水平(lnGP)的 Pearson 相关系数为 0.008，虽为正数但并不显著，销售收入增长率(sales)与企业绿色创新水平(lnGP)的 Pearson 相关系数为 0.071，在 1%水平下显著，初步可以判断假设 8 基本成立，企业的绿色创新对企业的经济绩效有一定的正向推动作用。企业绿色创新与企业的声誉在 1%水平下呈显著的正相关关系，表明企业的绿色创新水平带来了企业声誉的提升，与理论假设 9 预期一致。企业特征变量中，企业规模(size)、运营能力(TAT)、现金流水平(cashflow)与企业的经济绩效和声誉的相关系数均为正，且在 1%的显著性水平下显著，说明企业规模越大、运营能力越好、现金流水平越充足，越有利于企业在绩效和声誉方面的提升。

表 5-4　　　　样本的相关性分析

	ROA	sales	repu	lnGP	size	lnage	leverage
ROA	1						
sales	0.086***	1					
repu	−0.015	0.062***	1				
lnGP	0.008	0.071***	0.265***	1			
size	0.042***	0.080***	0.566***	0.356***	1		

续表

	ROA	sales	repu	lnGP	size	lnage	leverage
lnage	−0.190***	0.078***	0.263***	0.135***	0.400***	1	
leverage	−0.370***	0.065***	0.314***	0.216***	0.436***	0.389***	1
TAT	0.196***	0.066***	0.050***	0.037***	0.332***	0.151***	0.242***
profit	0.813***	0.060***	−0.050***	−0.041***	−0.099***	−0.231***	−0.436***
cashflow	0.422***	0.011	0.068***	−0.029**	0.151***	0.079***	−0.124***
capital_intensity	−0.192***	−0.022*	0.100***	−0.106***	0.189***	0.170***	0.181***
duality	0.041***	−0.004	−0.100***	−0.040***	−0.145***	−0.226***	−0.119***
share_balance	0.015	0.046***	−0.015	0.016	−0.133***	−0.191***	−0.129***
	TAT	profit	cashflow	capital_intensity	duality	share_balance	
TAT	1						
profit	−0.120***	1					
cashflow	0.173***	0.308***	1				
capital_intensity	0.053***	−0.214***	0.190***	1			
duality	−0.102***	0.076***	−0.021*	−0.085***	1		
share_balance	−0.122***	0.055***	−0.036***	−0.043***	0.026**	1	

注：* 表示 $p < 0.10$，** 表示 $p < 0.05$，*** 表示 $p < 0.01$。

表 5-5 为变量间潜在的多重共线性现象的检验结果，方差膨胀因子(VIF)数值低，最大值也不超过 2，远小于 10，故可排除多重共线性问题。

表 5-5 **VIF 检验**

Variable	VIF	1/VIF
lnGP	1.30	0.767
size	1.74	0.574
lnage	1.48	0.675

续表

Variable	VIF	1/VIF
leverage	1.70	0.589
TAT	1.31	0.761
profit	1.52	0.659
cashflow	1.36	0.737
capital_intensity	1.30	0.771
duality	1.11	0.898
share_balance	1.10	0.905
prov	<10	
year	<10	
Mean	1.60	

5.6 企业绿色创新结果表现的基础回归结果分析

本书采用了面板数据计量模型，并根据 F 检验($p=0.000$)、LM 检验($p=0.000$)以及 Hausman 检验($p=0.000$)结果，发现固定效应模型优于混合估计模型和随机效应模型，因此，最终采用固定效应模型进行估计。表 5-6 是根据公式(5-1)对假设 8 和假设 9 关于绿色创新对企业经济绩效和声誉影响的回归估计结果。其中，第(1)列为控制变量对被解释变量资本报酬率(ROA)的影响，在此基础上，第(2)列为加入绿色创新(lnGP)变量后得到的回归结果，企业绿色创新水平(lnGP)的系数在1%的水平上显著为正，表明企业的绿色创新对企业的经济绩效有显著的正向促进作用。第(3)和(4)列分别为控制变量及加入绿色创新(lnGP)变量后对被解释变量销售收入增长率(sales)的影响，结果显示绿色创新(lnGP)与销售收入增长率(sales)在1%的水平上显著为正。因此，初步的回归结果表明企业的绿色创新能显著促进企业的经济绩效，前文提出的理论假设 8 成立，这与 Eiadat et al.(2008)、Aguilera-Caracuel & Ortiz-de-Mandojana(2013)和 Rodríguez-González et al.(2022)等的研究结论一致，具有绿色创新的企业往往比传统的企业更有利可图。第(5)和(6)列分别为控制变量及加入绿色创新(lnGP)变量后对被解释变量企业声誉(repu)的影响，结果显示绿色创新(lnGP)的系数在10%的显著性水平下为正，表明企业绿色创新对企业声誉的提升作用显著，故支持假设9。

表 5-6 企业绿色创新对企业绩效和声誉的影响

	(1)	(2)	(3)	(4)	(5)	(6)
	ROA		sales		repu	
lnGP		0.174***		1.587***		0.040*
		(0.037)		(0.379)		(0.024)
size	0.401***	0.330***	1.249*	0.597	0.832***	0.815***
	(0.060)	(0.061)	(0.756)	(0.729)	(0.052)	(0.057)
lnage	-0.318***	-0.310***	3.672***	3.743***	0.008	0.009
	(0.070)	(0.070)	(0.811)	(0.814)	(0.052)	(0.052)
leverage	-2.584***	-2.724***	16.781***	15.503***	1.098***	1.065***
	(0.287)	(0.287)	(3.672)	(3.719)	(0.196)	(0.203)
TAT	3.477***	3.519***	9.216***	9.605***	-0.621***	-0.611***
	(0.214)	(0.214)	(1.629)	(1.609)	(0.123)	(0.125)
profit	34.140***	34.143***	49.740***	49.766***	0.510**	0.510**
	(0.831)	(0.829)	(4.045)	(4.008)	(0.260)	(0.259)
cashflow	11.618***	11.717***	-22.157***	-21.257***	0.227	0.250
	(0.818)	(0.817)	(8.009)	(8.043)	(0.345)	(0.344)
capital_intensity	-2.576***	-2.356***	-4.850	-2.838	-0.141	-0.090
	(0.368)	(0.368)	(3.499)	(3.401)	(0.336)	(0.345)
duality	0.002	0.009	1.493*	1.557*	-0.075	-0.073
	(0.087)	(0.086)	(0.875)	(0.868)	(0.049)	(0.049)
share_balance	0.018	0.007	5.550***	5.446***	0.145***	0.142***
	(0.074)	(0.074)	(2.044)	(2.032)	(0.043)	(0.043)
Constant	-1.029**	-0.648	-28.579***	-25.099***	11.561***	11.649***
	(0.431)	(0.432)	(7.160)	(6.934)	(0.320)	(0.344)
Prov	Yes	Yes	Yes	Yes	Yes	Yes

续表

	(1)	(2)	(3)	(4)	(5)	(6)
	ROA		sales		repu	
Year	Yes	Yes	Yes	Yes	Yes	Yes
N	7701	7701	7701	7701	7701	7701
r2	0.782	0.783	0.045	0.046	0.395	0.396
aic	34392.605	34345.353	80312.144	80303.596	25031.785	25024.856

注：(1) * 表示 $p < 0.10$，** 表示 $p < 0.05$，*** 表示 $p < 0.01$。(2)表中数值为模型的系数，括号中的数值为聚类到企业层面的稳健标准误。

为进一步了解不同类型的绿色创新对企业的绩效和声誉的作用是否一致，本书将绿色创新分为较高难度的绿色创新和较低难度的绿色创新，分别用绿色发明专利申请量(lnGPinv)和绿色实用新型专利申请量(lnGPuti)来衡量，对应表 5-7 中的第(1)(3)(5)列和第(2)(4)(6)列的实证结果。从表 5-7 中可以看出，无论是何种绿色创新，都能显著提升企业的经济绩效。关于绿色创新对声誉的影响，仅难度较高的绿色发明专利能显著有效促进企业声誉水平的提高，难度较低的绿色实用新型专利对企业声誉的影响并不显著，这与 Truong et al. (2021)的结论相似，但与 Chiou et al. (2011)、Vidaver-Cohen & Brønn(2015)以及 Liao(2018)的结论略有出入。这可能是由于绿色发明专利是一种更倾向于高质量的实质性的创新，而绿色实用新型专利只是相对“浮于表面”的象征性创新，利益相关者们在对企业声誉进行衡量时可能更注重企业实质性的创新。这意味着，企业要通过绿色创新来提升声誉水平，就需要更加重视高难度、高质量的绿色创新。

表 5-7　　**不同类型的绿色创新行为的结果表现**

	(1)	(2)	(3)	(4)	(5)	(6)
	ROA		sales		repu	
lnGPinv	0.202***		1.621***		0.055*	
	(0.045)		(0.443)		(0.028)	

续表

	(1)	(2)	(3)	(4)	(5)	(6)
	ROA		sales		repu	
lnGPuti		0.166***		1.752***		0.041
		(0.042)		(0.436)		(0.028)
Control	Yes	Yes	Yes	Yes	Yes	Yes
Constant	Yes	Yes	Yes	Yes	Yes	Yes
Prov	Yes	Yes	Yes	Yes	Yes	Yes
Year	Yes	Yes	Yes	Yes	Yes	Yes
N	7701	7701	7701	7701	7701	7701
r2	0.783	0.783	0.046	0.046	0.396	0.395
aic	34347.841	34364.678	80306.426	80305.593	25022.152	25027.612

注：(1) * 表示 $p < 0.10$，** 表示 $p < 0.05$，*** 表示 $p < 0.01$。(2)表中数值为模型的系数，括号中的数值为聚类到企业层面的稳健标准误。

5.7　内生性检验

企业采取绿色创新的行为通常不是随机的，而是管理层基于企业自身的动机、资源和财务能力等因素做出的选择(李大元，等，2018)，这就可能存在由自选择偏差引起的内生性问题。倾向得分匹配法(PSM)提供了通过将样本与相似特征的组匹配来减少偏差的可能。因此，为避免企业部分特征的差异扭曲相关的结果，本书进一步采用 PSM 来分析，以有无绿色创新为解释变量，将采取了绿色创新行为的企业样本取值为 1，作为处理组；将未采取绿色创新的企业样本取值为 0，作为控制组。PSM 中预测倾向得分的变量主要涉及企业规模、企业年龄、负债水平和现金流水平等变量。鉴于 PSM 的估计结果对所用的匹配算法较为敏感，此处分别采用一对一近邻卡尺匹配、核匹配和局部线性回归匹配三种方法对企业绿色创新的处理效应进行验证。为考察匹配结果是否较好地平衡了数据，本书对匹配结果进行了平衡性检验，三种匹配方法中匹配后变量的标准化偏差均小于 10%，而且大部分 p 值在 10%水平上不显著，通过了平衡性检验。表 5-8 显示了三种匹配方法的最终检验结果，本书发现资本报酬率(ROA)的核匹配和局部线性回归匹配的结果显示绿色创新的平均处理效应(ATT)在10%的水平上是显著的，销售收入增长率(sales)的匹配结果显示绿色创新的平均处理效应(ATT)均在1%水平上是统计显著的，基本可以说明开展绿色创新对企业的经济绩效有显著的促进作用。同样的，对于企业声誉的匹配结果，绿色创新的平均处理效应(ATT)均在1%水平上是统计显著的。因此，匹配结果说明了采取绿色创新的企业往往更可能获得良好的经济绩效和声誉，假设8和假设9得到了进一步验证。

表5-8　　企业绿色创新对绩效、声誉的平均处理效应

匹配方法		(1)	(2)	(3)
		近邻卡尺匹配	核匹配	局部线性回归匹配
ROA	ATT	0.062	0.238*	0.300*
		(0.204)	(0.102)	(0.104)
sales	ATT	3.619***	3.933***	3.735***
		(1.483)	(1.362)	(1.326)
repu	ATT	0.129***	0.137***	0.138***
		(1.263)	(0.044)	(0.027)

注：(1)因以上三种PSM方法所汇报的标准误并未考虑倾向得分为估计所得的事实，因此，表中括号内采用自助标准误替代原来的标准误，自助标准误是基于bootstrap方法(重复100次)计算所得；(2)模型已通过平衡性检验；(3) * $p<0.1$， ** $p<0.05$， *** $p<0.01$，分别代表平均处理效应ATT在1%、5%和10%的显著性水平。

5.8 稳健性检验

5.8.1 改变计量模型

本书分别使用最小二乘法和随机效应模型对模型重新进行了实证检验，表5-9汇报了检验结果，显示企业绿色创新(lnGP)的系数均在1%统计水平上显著为正，表明企业绿色创新(lnGP)对企业的经济绩效(ROA、sales)和声誉(repu)均有显著

的提升作用，说明了前文的实证结果是稳健的，假设 8 和假设 9 是成立的。

表 5-9　　改变计量模型后的企业绿色创新结果表现

	(1)	(2)	(3)	(4)	(5)	(6)
	ols			RE		
	ROA	sales	repu	ROA	sales	repu
lnGP	0.129***	1.587***	0.060***	0.174***	1.587***	0.040***
	(0.036)	(0.384)	(0.023)	(0.025)	(0.488)	(0.013)
Control	Yes	Yes	Yes	Yes	Yes	Yes
Constant	Yes	Yes	Yes	Yes	Yes	Yes
Prov	Yes	Yes	Yes	Yes	Yes	Yes
Year	Yes	Yes	Yes	Yes	Yes	Yes
N	7701	7701	7701	7701	7701	7701
r2	0.777	0.029	0.358			
aic	34479.209	80366.023	25411.032			

注：(1) * 表示 $p < 0.10$，** 表示 $p < 0.05$，*** 表示 $p < 0.01$。(2)表中数值为模型的系数，括号中的数值为聚类到企业层面的稳健标准误。

5.8.2　改变解释变量测量方式

参考第四章稳健性检验中的绿色创新替代变量：第一，将前文用绿色创新专利申请量作为度量的方式更改为用绿色创新专利授权量作为替代变量，并同样采取加 1 取自然对数的处理，记作 lnGP_grant(见表 5-10 的第(1)、(3)、(5)列)。第二，采用企业当年申请的绿色专利在随后 3 年内排除自我引用后的平均被引用次数来衡量绿色创新质量，并同样采取加 1 取自然对数的处理，记作 lncite_N(见表 5-10 的第(2)、(4)、(6)列)。第三，考虑到企业绿色创新行为产生效果可能存在一定的时滞性，故采用了 $t-1$ 期的绿色创新申请量度量指标($lnGP_{t-1}$)作为解释变量来检验其影响(见表 5-11 的第(1)、(3)、(5)列)。第四，采用研发投入并以当年绿色创新申请量占当年所有专利申请量的比例作为权重来衡量企业的绿色创新水平，记作 invest(见表 5-11 的第(2)、(4)、(6)列)。

从表 5-10 和表 5-11 的第(1)—(4)列的稳健性估计结果来看，当解释变量企业绿色创新的测量方式更改后，其对代表经济绩效的资本报酬率(ROA)和销售收入增长率(sales)仍有促进作用，且均在 1%水平下显著，与前述的结论保持一致，表明实证结果的可靠性，因此，假设 8 成立。表 5-10 的第(5)列和表 5-11 的第(5)、(6)列中企业绿色创新对企业声誉的提升作用在至少 10%的统计水平上显著。而表 5-10 的第(6)列中绿色创新专利引用(lncite_N)对企业声誉的影响变得不显著，这可能是由于本书制造业企业样本中电子制造业企业较多，这类企业专利的短时效(徐欣和唐清泉，2012)使得企业绿色创新无法有效转化为需要时间形成的声誉方面的效益。因此，关于企业的绿色创新对企业声誉的提升效果的实证结果稍显不稳定，实证结论部分支持假设 9。

表 5-10　　**替换解释变量测量方式的稳健性检验一**

	(1)	(2)	(3)	(4)	(5)	(6)
	ROA		sales		repu	
lnGP_grant	0.157***		1.418***		0.055**	
	(0.041)		(0.397)		(0.025)	
lncite_N		0.298***		2.767***		0.017
		(0.064)		(0.712)		(0.037)
Control	Yes	Yes	Yes	Yes	Yes	Yes
Constant	Yes	Yes	Yes	Yes	Yes	Yes
Prov	Yes	Yes	Yes	Yes	Yes	Yes
Year	Yes	Yes	Yes	Yes	Yes	Yes
N	7701	7701	7701	7701	7701	7701
r2	0.783	0.783	0.045	0.046	0.396	0.395
aic	34364.386	34351.649	80307.848	80304.609	25021.571	25033.302

注：(1) * 表示 $p < 0.10$，** 表示 $p < 0.05$，*** 表示 $p < 0.01$。(2)表中数值为模型的系数，括号中的数值为聚类到企业层面的稳健标准误。

表 5-11 替换解释变量测量方式的稳健性检验二

	(1)	(2)	(3)	(4)	(5)	(6)
	ROA		sales		repu	
$lnGP_{t-1}$	0.129***		1.375***		0.047**	
	(0.038)		(0.497)		(0.024)	
invest		0.022***		0.267***		0.005*
		(0.005)		(0.086)		(0.003)
Control	Yes	Yes	Yes	Yes	Yes	Yes
Constant	Yes	Yes	Yes	Yes	Yes	Yes
Prov	Yes	Yes	Yes	Yes	Yes	Yes
Year	Yes	Yes	Yes	Yes	Yes	Yes
N	7701	7369	7701	7369	7701	7369
r2	0.783	0.794	0.045	0.046	0.396	0.440
aic	34369.984	32507.388	80306.993	76937.608	25022.669	21850.612

注：(1) * 表示 $p < 0.10$，** 表示 $p < 0.05$，*** 表示 $p < 0.01$。(2)表中数值为模型的系数，括号中的数值为聚类到企业层面的稳健标准误。

5.8.3 改变被解释变量测量方式

此处通过改变被解释变量测量方式再次检验实证结果的稳健性。息税前利润率也是较好的测度企业业绩的指标(Eiadat et al.，2008；田利辉和张伟，2013；周煊，等，2012)，因此，本书选取息税前利润率(ebit)代替资本报酬率(ROA)进行稳健性检验。对于成长性指标，此处采用近一年销售收入增长率(sales2)来替代近三年销售收入增长率(sales)进行稳健性检验。商誉是由企业客户、企业的优秀管理以及良好的经营效率等优势所形成的，能够间接为企业创造效益。因此，对于企业声誉，此处以商誉净值来代替前面采用的无形资产净额，同样取自然对数处理，记作 repu2。

表 5-12 为替换被解释变量测量方式后对上文的假设重新进行稳健性检验的结果。第(1)列为控制变量对被解释变量息税前利润率(ebit)的影响，在此基础上，第(2)列为加入绿色创新(lnGP)变量后得到的回归结果，显示企业绿色创新

(lnGP)的系数在5%的水平上显著为正，与前文的结果保持一致。第(3)和(4)列分别为控制变量及加入绿色创新(lnGP)变量后对被解释变量销售收入增长率(sales2)的影响，结果显示绿色创新(lnGP)与销售收入增长率(sales2)在1%的水平上显著为正，与前文的结果保持一致。因此，企业绿色创新对经济绩效的影响是显著为正且稳健的，假设8成立。第(5)和(6)列分别为控制变量及加入绿色创新(lnGP)变量后对被解释变量企业声誉(repu2)的影响，结果显示绿色创新(lnGP)的系数依然是正的，但并不显著，表明企业绿色创新对企业声誉的提升作用并不稳健，故部分支持假设9。

表5-12　**替换被解释变量测量方式的稳健性检验**

	(1)	(2)	(3)	(4)	(5)	(6)
	ebit		sales2		repu2	
lnGP		0.143^{**}		1.298^{***}		0.184
		(0.058)		(0.379)		(0.123)
Control	Yes	Yes	Yes	Yes	Yes	Yes
Constant	Yes	Yes	Yes	Yes	Yes	Yes
Prov	Yes	Yes	Yes	Yes	Yes	Yes
Year	Yes	Yes	Yes	Yes	Yes	Yes
N	7701	7701	7701	7701	7701	7701
r2	0.889	0.889	0.134	0.135	0.377	0.377
aic	39946.701	39932.594	74785.322	74772.856	51558.762	51554.842

注：(1) * 表示 $p < 0.10$，** 表示 $p < 0.05$，*** 表示 $p < 0.01$。(2)表中数值为模型的系数，括号中的数值为聚类到企业层面的稳健标准误。

5.9 本章小结

为进一步从侧面验证企业绿色创新动机的有效性，本章以2010—2018年我国上市制造业企业为样本，依照“行为—结果”的逻辑研究了企业实施绿色创新活动能否为企业带来良好的结果表现，并通过面板固定效应模型从实证角度检验了绿色创新在经济绩效和声誉方面的效果，具体的估计结果如图 5-2 所示，可以看出，企业的绿色创新行为在经济绩效和声誉方面有良好的效果。在经济绩效方面，发现企业绿色创新对代表盈利能力的资本报酬率和代表成长性的销售收入增长率有积极的影响。在声誉方面，企业绿色创新对企业的声誉具有一定的提升作用，但这一结论并不是很稳健。相比之下，企业绿色创新对经济绩效的提升作用比对声誉的提升作用更为直接和显著。

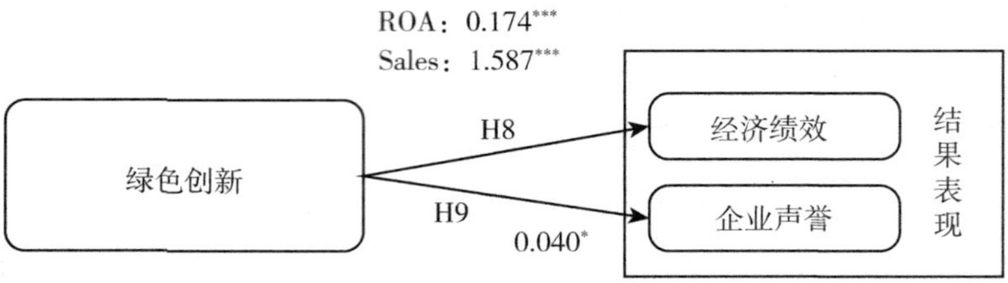

图 5-2　企业绿色创新对经济绩效和声誉影响的检验结果

第六章　不同情境下企业绿色创新的动机和结果差异性分析

动机本身具有多重性和复杂性等特征，企业绿色创新动机的产生既不是单纯的来源于企业特征和欲望(如追求利润最大化)，也不是单纯的来源于外界的刺激(如环境政策和利益相关者的压力)，而是企业特征和企业所处的特定情境交互作用产生的(Bansal & Roth，2000)。而且不同的创新情境可以直接激发或抑制创新动机向创新行为的转化(于海云，等，2015)。因此，绿色创新动机向绿色创新行为的转化可能会受到资源、环境和行业类型等情境因素的影响，也就是说情境因素可以对企业绿色创新动机向绿色创新行为的转化以及行为转化效果的过程进行外在调节，不同的因素可能造成绿色创新动机和效果的差异性。

总体来说，企业的规模(Hojnik & Ruzzier，2016；Tang et al.，2020)、内部激励(Wu et al.，2020)、企业管理者对环境的关注度(Ar，2012；Tang et al.，2018)、企业所处的不同发展阶段(成长、成熟、衰退阶段)(Shu et al.，2020)、环境法规和监管的严格度(Aguilera-Caracuel1 & Ortiz-de-Mandojana，2013；Liao & Tsai ，2019；Huang et al.，2021)和地区差异等在不少文献中被认为是重要的情境因素，而这些因素可能同样会影响企业绿色创新的动机转化和结果表现。因此，本书选取了企业规模、内部激励、企业生命周期、污染程度差异、环境法规以及地域六个方面，分别从企业的内部和外部角度探究了情境因素在企业绿色创新“动机-行为”以及“行为—结果”逻辑路径中的影响。

6.1　情境因素的变量选取与测度

6.1.1　生命周期

企业处于不同的生命周期阶段所具备的组织特征、资源和能力不同，面临的问题和发展需求也不同，企业的行为决策和表现也往往不一致(王旭，等，2018；陈红，等，2019)，绿色创新意愿也可能会随之发生变化。根据企业的生命周期理论，企业通常存在初创期、成长期、成熟期和衰退期为主的生命阶段。关于企业生命周期的划分方法多种多样，尚无统一定论，较为通用的主要有单变量度量法、现金流组合法、财务特征组合法以及综合指标分析等分类方法(Anthony & Ramesh，1992；DeAngelo et al.，2006；Dickinson，2011；王旭，等，2018)。其中，Dickinson(2011)基于现金流组合法将企业生命周期划分为初创期、成长期、成熟期、动荡期和衰退期。本书借鉴 Dickinson(2011)的现金流组合(包括经营、投资和筹资活动产生的现金流)方式来划分样本企业的生命周期。由于动荡期和衰退期的企业具有竞争力减弱、资源效率低下等相近的特征，故此处将动荡期和衰退期企业样本统一划分为衰退期的企业样本。最终本书将样本企业生命周期分为初创期、成长期、成熟期和衰退期四个企业生命周期阶段(如表 6-1 所示)。

表 6-1　　**生命周期划分**

现金净流量	初创期	成长期	成熟期	衰退期
经营活动	−	+	+	其他
投资活动	−	−	−	其他
筹资活动	+	+	−	其他

注：“+”为现金净流量>0，“−”为现金净流量<0。

6.1.2　内部激励

企业的薪酬水平是对员工的一种激励，为获取更高的薪酬，员工会努力工作以提升企业的价值(吴丽君，2019)。高管薪酬水平是企业关键的内部激励因素之一，能够影响高管的行为，进而影响企业的最终决策(Brav et al.，2018；李青原和肖泽华，2020)。而企业采取绿色创新活动往往是由管理层的决策而来，管理层受到的薪酬激励以及激励程度能够影响企业最终是否开展绿色创新活动。因此，本书采用高管薪酬水平来代表管理层受到的企业内部激励，具体用高管薪酬排名前三名的三位高管薪酬总额的自然对数来衡量，记作 TMT_income。

6.1.3 企业规模

企业的创新水平和绩效可能还会受企业规模的影响(Aguilera-Caracuel & Ortiz-de-Mandojana, 2013; Borsatto & Amui, 2019)。有研究发现,大规模的企业能够借助扩大产品产出来节约成本从而达到规模化的效益,而且大企业也有能力为绿色创新提供更好的条件(Borsatto & Amui, 2019),这类企业创新回报通常高于中小规模的企业(Cohen & Klepper, 1996)。同样的,绿色创新行为对企业产生的效果也可能会受到企业规模的影响。因此,可以判断企业的规模在动机诱发企业绿色创新行为和绿色创新对企业的效果中可能存在一定的影响。企业规模的衡量方式有多种,本书参照前文的测量方式,并以企业员工人数的分位数将样本分为小规模企业、中等规模企业和大规模企业三类来分析规模的影响。

6.1.4 环境法规

企业的绿色创新在制度环境较强与较弱的地区存在差异,这表明企业绿色创新行为可能会受到制度环境的影响(解学梅和朱琪玮,2021a)。制度环境通常具有监管、规范和认知三个维度,涉及政治环境、法律环境、市场环境、政治环境、金融环境和文化环境等方面(Huang et al., 2021)。如,由于担心因违反环境法规而受到制裁,企业可能会在创新过程中注重环境保护,因此,环境法规可能在企业的绿色创新过程中有重要影响。类似地,外部的环境在企业的绿色创新与绩效之间也具有一定的影响(Miller & Friesen, 1983; Huang et al., 2021; Aguilera-Caracuel & Ortiz-de-Mandojana, 2013), Aguilera-Caracuel & Ortiz-de-Mandojana(2013)发现严格的环境法规不利于绿色创新对企业财务绩效的改善,因为严格的环境法规增加了企业的环境成本。本书选取于样本期间2015年我国正式实施的新环保法来分析环境法规的影响,该法被称作"史上最严环保法"。相比于原环保法,新环保法的"严"主要体现在以下三方面:(1)加强了对企业违法排污等行为的处罚力度,规定了严厉的行政处罚手段;(2)引入了公开透明的、可供社会公众监督的信息披露机制;(3)加重了行政监管部门的责任。由此可见,新环保法是一部对现有的污染现象打出硬拳头的法律,该法的实施在一定程度上加强了我国对企业在环境方面的法律规制强度。因此，本书采用是否实施新环保法来表示环境法规强度，记为 if_law，当年份≤2014 年时，赋值 0；当年份>2014 年时，赋值 1，以此来探索新环保法实施前后企业绿色创新的动机以及结果表现的差异。

6.1.5 污染程度

关于企业的污染程度差异，相比于非重污染行业企业而言，对于重污染行业的企业，不采取绿色创新等环保行动可能会面临罚款、声誉损失等负面影响，因此，这类企业减少绿色创新行为的机会成本更高。本书参照《上市公司环保核查行业分类管理名录》（环办函〔2008〕373 号）和 2010 年环保部发布的《上市公司环境信息披露指南》对重污染行业的认定，将样本中制造业企业行业代码为 C13、C14、C15、C17、C19、C22、C27-C33① 的企业认定为重污染行业的企业，生成变量“是否为重污染行业的企业（if_pollu）”，若是，则取值为 1，否则为 0。

6.1.6 地域差异

我国地区经济相对碎片化，地区发展也不平衡，东部地区的经济发展和市场化水平普遍较高（Gao et al.，2017；Shu et al.，2020；Tang et al.，2020），这在一定程度上可能会影响企业的发展以及绿色创新行为的决策。因此，本书探索了企业地处不同地域的情况下，企业绿色创新的动机及结果差异。本书根据样本企业注册所在地将地域划分东、中、西和东北地区四组。根据国家统计局的地区划分，东部地区包括北京、天津、河北、上海、江苏、浙江、福建、山东、广东和海南；中部地区包括山西、安徽、江西、河南、湖北和湖南；西部地区包括内蒙古、广西、重庆、四川、贵州、云南、西藏、陕西、甘肃、青海、宁夏和新疆；东北地区包括辽宁、吉林和黑龙江。

① 行业代码参照《上市公司行业分类指引》（2012 年修订）。

6.2 情境因素在企业绿色创新动机与行为中的影响

6.2.1 生命周期的影响

表6-2报告了不同生命周期下企业绿色创新动机的差异，表6-3和表6-4分别报告了企业绿色创新动机对不同类型绿色创新的影响。结果显示：(1)无论企业在哪个发展阶段，企业都有较强的适应合法性动机(leg_conf)，能显著诱发企业的绿色创新行为，该动机具有被动防御性特征，说明企业在任何发展阶段都有适应合法性动机，以此来防止企业自身因缺乏合法性而无法继续存续。(2)企业在初创期的战略合法性动机(leg_stra)较弱，并不能显著促进企业进行绿色创新，当企业发展至成长、成熟和衰退阶段时，战略合法性动机在至少10%的水平下显著诱发企业的绿色创新行为。这说明企业在初创阶段能力较弱，为了企业的存续，只能被动地满足较低标准的适应合法性要求；当企业发展成长时，企业逐渐开始主动寻求合法性(王森，2019)。结合表6-3和表6-4，当成长期企业有较强的战略合法性动机时，会同时进行各类绿色创新活动，而在成熟和衰退阶段的企业的战略合法性动机仅能分别显著诱发企业产生更多的绿色实用新型专利和绿色发明专利，后者可能是由于在衰退阶段的企业急需通过转型升级实现企业的可持续发展，因而更倾向于进行高难度的绿色发明方面的创新活动来寻求突破。(3)自企业度过初创期，竞争力动机(econ_compete)逐渐凸显，企业需要保持自身的竞争力使得企业长久可持续发展。此时，企业更倾向于进行难度较高的绿色发明创新来更好地保持竞争力。(4)与战略合法性动机类似，具有主动性特征的寻利动机(econ_benefit)在企业的成长和成熟阶段时较强，能显著诱发企业进行绿色创新。这是由于企业在成长和成熟阶段时，资源配置和组织能力等均处于快速积累并日臻完善的阶段，企业具有绿色创新所需的充足资源(王旭和王兰，2020)，为了企业的进一步发展，企业会试图通过绿色创新来主动寻求其他潜在利益。在衰退阶段，寻利动机减弱，企业对于绿色创新出现倦怠甚至没有足够的创新能力，因此，此时的寻利动机无法显著促进企业进行绿色创新。(5)当企业处于初创至成熟阶段时，企业有明显的生态责任动机(env)去进行绿色创新，此时，企业会关注道德层面的环保等社会责任的履行以实现企业价值。而当企业发展到衰

退阶段时，企业的资源能力等都有所欠缺，导致企业只能将有限的资源放在更利于企业发展的方向。(6)国企高管的政治晋升动机(PP)在企业成长和成熟期能够显著促进企业绿色创新。这可能是该阶段的企业发展日渐平稳，融资能力、资源配置和经营绩效等都处于良好的状态，此时，高管为了实现政治晋升，需要通过绿色创新来进一步帮助企业积累更多的声誉或者在经营绩效方面实现突破。此外，由于民营企业的政治关联动机(PC)在第四章中证实并不显著存在，故在本章中并未进一步分析该动机。

综上所述，企业绿色创新动机与企业生命周期密切相关，当企业处于不同的生命周期阶段，企业各项绿色创新动机呈现不同的强弱程度，创新难度也随之有所调整。

表 6-2　　　　不同生命周期下的企业绿色创新动机差异

lnGP	(1)	(2)	(3)	(4)	(5)	(6)	(7)	(8)
	初创	成长	成熟	衰退	初创	成长	成熟	衰退
leg_conf	0.528***	0.596***	0.613***	0.524***				
	(0.111)	(0.077)	(0.076)	(0.113)				
leg_stra	0.127	0.605**	0.481**	0.688*				
	(0.400)	(0.235)	(0.229)	(0.400)				
econ_compete	2.566	2.788***	4.059***	5.784***				
	(1.585)	(1.023)	(1.146)	(1.648)				
econ_benefit	1.629	3.109**	2.621**	1.433				
	(1.590)	(1.266)	(1.170)	(1.364)				
env	0.020*	0.018**	0.023***	0.010				
	(0.010)	(0.007)	(0.007)	(0.016)				
PP					0.031	0.060**	0.064***	0.024
					(0.036)	(0.026)	(0.021)	(0.033)
Control	Yes	Yes	Yes	Yes	Yes	Yes	Yes	Yes
Constant	Yes	Yes	Yes	Yes	Yes	Yes	Yes	Yes
Prov	Yes	Yes	Yes	Yes	Yes	Yes	Yes	Yes
Year	Yes	Yes	Yes	Yes	Yes	Yes	Yes	Yes

续表

lnGP	(1)	(2)	(3)	(4)	(5)	(6)	(7)	(8)
	初创	成长	成熟	衰退	初创	成长	成熟	衰退
N	1022	2777	2778	1124	293	682	824	364
r2_p	0.113	0.105	0.106	0.115	0.199	0.143	0.116	0.191
aic	2789.733	7737.352	6994.819	2805.930	816.882	1981.624	2309.046	899.855

注：(1) * 表示 $p < 0.10$，** 表示 $p < 0.05$，*** 表示 $p < 0.01$。(2)表中数值为模型的系数，括号中的数值为聚类到企业层面的稳健标准误。

表 6-3　　不同生命周期下的企业绿色创新动机差异：绿色发明专利

lnGPinv	(1)	(2)	(3)	(4)	(5)	(6)	(7)	(8)
	初创	成长	成熟	衰退	初创	成长	成熟	衰退
leg_conf	0.415***	0.495***	0.587***	0.486***				
	(0.109)	(0.081)	(0.076)	(0.115)				
leg_stra	−0.015	0.598**	0.297	0.724*				
	(0.412)	(0.271)	(0.243)	(0.433)				
econ_compete	3.296*	3.168***	5.387***	6.932***				
	(1.722)	(1.130)	(1.222)	(1.634)				
econ_benefit	2.278	4.275***	2.394*	1.012				
	(1.743)	(1.288)	(1.224)	(1.624)				
env	0.017	0.019**	0.021***	0.007				
	(0.011)	(0.007)	(0.008)	(0.017)				
PP					0.026	0.054**	0.064***	0.036
					(0.032)	(0.027)	(0.023)	(0.039)
Control	Yes	Yes	Yes	Yes	Yes	Yes	Yes	Yes
Constant	Yes	Yes	Yes	Yes	Yes	Yes	Yes	Yes
Prov	Yes	Yes	Yes	Yes	Yes	Yes	Yes	Yes
Year	Yes	Yes	Yes	Yes	Yes	Yes	Yes	Yes

续表

lnGPinv	(1)	(2)	(3)	(4)	(5)	(6)	(7)	(8)
	初创	成长	成熟	衰退	初创	成长	成熟	衰退
N	1022	2777	2778	1124	293	682	824	364
r2_p	0.111	0.104	0.107	0.119	0.212	0.147	0.114	0.191
aic	2344.238	6566.485	5725.084	2319.748	709.840	1742.801	2018.238	772.721

注：(1) * 表示 $p < 0.10$，** 表示 $p < 0.05$，*** 表示 $p < 0.01$。(2)表中数值为模型的系数，括号中的数值为聚类到企业层面的稳健标准误。

表 6-4　不同生命周期下的企业绿色创新动机差异：绿色实用新型专利

lnGPuti	(1)	(2)	(3)	(4)	(5)	(6)	(7)	(8)
	初创	成长	成熟	衰退	初创	成长	成熟	衰退
leg_conf	0.522***	0.636***	0.569***	0.563***				
	(0.109)	(0.073)	(0.074)	(0.103)				
leg_stra	−0.278	0.419*	0.611***	0.459				
	(0.432)	(0.225)	(0.219)	(0.394)				
econ_compete	0.238	0.872	1.340	3.392**				
	(1.523)	(0.903)	(1.061)	(1.579)				
econ_benefit	0.131	0.911	1.608	1.376				
	(1.556)	(1.114)	(1.364)	(1.464)				
env	0.019*	0.017**	0.021***	0.014				
	(0.012)	(0.007)	(0.007)	(0.015)				
PP					0.048	0.058**	0.052***	0.020
					(0.039)	(0.023)	(0.020)	(0.034)
Control	Yes	Yes	Yes	Yes	Yes	Yes	Yes	Yes
Constant	Yes	Yes	Yes	Yes	Yes	Yes	Yes	Yes
Prov	Yes	Yes	Yes	Yes	Yes	Yes	Yes	Yes
Year	Yes	Yes	Yes	Yes	Yes	Yes	Yes	Yes

续表

lnGPuti	(1)	(2)	(3)	(4)	(5)	(6)	(7)	(8)
	初创	成长	成熟	衰退	初创	成长	成熟	衰退
N	1022	2777	2778	1124	293	682	824	364
r2_p	0.119	0.117	0.116	0.116	0.187	0.158	0.142	0.223
aic	2409.667	6568.945	5850.983	2378.038	711.916	1672.669	1891.556	737.297

注：(1) * 表示 $p < 0.10$，** 表示 $p < 0.05$，*** 表示 $p < 0.01$。(2)表中数值为模型的系数，括号中的数值为聚类到企业层面的稳健标准误。

6.2.2 内部激励的影响

表6-5报告了内部激励在企业绿色创新动机与行为之间的影响。其中，第(1)、(2)列考察了内部激励在动机与绿色创新行为之间的影响，第(3)、(4)列和第(5)、(6)列分别考察了内部激励在动机与绿色发明创新和绿色实用新型创新之间的影响。结果显示，内部激励与适应合法性动机的交互项(TMT_income×leg_conf)系数在1%水平下显著为正，表明内部激励强化了适应合法性动机与企业绿色创新之间正向相关关系，包括绿色发明专利和绿色实用新型专利方面的创新。然而，内部激励与战略合法性动机的交互项(TMT_income×leg_stra)的系数在5%的水平下显著为负，内部激励弱化了战略合法性动机与企业绿色创新之间的正向关系，也就是说内部激励弱化了企业的战略合法性动机。内部激励对两种合法性动机的相反影响可能是由于企业高管的注意力有限，只能选择满足其中一种合法性，为了保证企业的长期存续以保护自身利益，高管可能更倾向于选择标准较低且容易实现的适应合法性。对于经济方面的企业绿色创新动机，结果显示，企业的内部激励与竞争力动机的交互项(TMT_income×econ_compete)系数并不显著，而企业的内部激励与寻利动机的交互项(TMT_income×econ_benefit)系数在1%的水平下显著为正，也就是当企业的内部激励程度越高，寻利动机与企业绿色创新之间的正向关系越强，且更倾向于开展绿色实用新型专利方面的创新。对于生态责任方面，企业的内部激励与生态责任动机的交互项(TMT_income×env)系数不显著。同样的，内部激励与国企高管政治晋升动机的交互项(TMT_income

×PP）系数也不显著，表明内部激励并不会影响国企高管政治晋升动机与企业绿色创新之间的关系。这可能是由于内部激励越高，企业高管愿意留在企业继续任职，而不是为了寻求政治晋升。

表 6-5　　内部激励在企业绿色创新动机与行为之间的影响

	(1)	(2)	(3)	(4)	(5)	(6)
	lnGP		lnGPinv		lnGPuti	
TMT_income	0.285***	0.322***	0.352***	0.390***	0.144**	0.073
	(0.067)	(0.115)	(0.071)	(0.125)	(0.064)	(0.114)
leg_conf	0.579***		0.511***		0.579***	
	(0.057)		(0.058)		(0.054)	
leg_stra	0.541***		0.480***		0.493***	
	(0.164)		(0.178)		(0.157)	
econ_compete	3.651***		4.249***		1.662**	
	(0.823)		(0.880)		(0.764)	
econ_benefit	3.060***		3.220***		1.627*	
	(0.842)		(0.902)		(0.854)	
env	0.018***		0.015***		0.017***	
	(0.005)		(0.005)		(0.005)	
PP		0.047***		0.052***		0.042***
		(0.018)		(0.019)		(0.016)
TMT_income×leg_conf	0.238***		0.244***		0.187***	
	(0.077)		(0.079)		(0.072)	
TMT_income×leg_stra	−0.452**		−0.436**		−0.365*	
	(0.196)		(0.219)		(0.190)	
TMT_income×econ_compete	−0.638		−0.133		−1.606	
	(1.144)		(1.277)		(1.037)	
TMT_income×econ_benefit	2.428**		1.433		2.626**	
	(1.162)		(1.214)		(1.259)	
TMT_income×env	0.007		0.007		0.007	
	(0.007)		(0.007)		(0.007)	

续表

	(1)	(2)	(3)	(4)	(5)	(6)
	lnGP		lnGPinv		lnGPuti	
TMT_income×PP		0.006		-0.016		0.006
		(0.024)		(0.027)		(0.021)
Control	Yes	Yes	Yes	Yes	Yes	Yes
Constant	Yes	Yes	Yes	Yes	Yes	Yes
Prov	Yes	Yes	Yes	Yes	Yes	Yes
Year	Yes	Yes	Yes	Yes	Yes	Yes
N	7605	2125	7605	2125	7605	2125
r2_p	0.104	0.123	0.104	0.124	0.111	0.134
aic	19936.067	5829.455	16572.557	5058.301	16868.616	4866.446

注：(1) * 表示 $p < 0.10$，** 表示 $p < 0.05$，*** 表示 $p < 0.01$。(2)表中数值为模型的系数，括号中的数值为聚类到企业层面的稳健标准误。

综上所述，企业的内部激励强化了企业的适应合法性动机和寻利动机对绿色创新行为的促进作用，一定程度上弱化了企业战略合法性动机对企业绿色创新行为的影响。

6.2.3 企业规模的影响

表 6-6 报告了不同企业规模下绿色创新动机的差异，表 6-7 和表 6-8 分别报告了不同企业规模下的不同类型绿色创新动机的差异。从表 6-6 中各类动机的显著性水平来看，所有规模类型的企业进行绿色创新都有显著的适应合法性动机(leg_conf)和竞争力动机(econ_compete)。而且根据表 6-7 和表 6-8 的结果显示，适应合法性动机能同时显著促进企业的绿色发明专利和绿色实用新型专利方面的创新，而竞争力动机更能促进企业采取绿色发明专利方面的创新。对于不同规模的企业间绿色创新动机的区别，主要体现在战略合法性动机(leg_stra)、寻利动机(econ_benefit)、生态责任动机(env)和国企的政治晋升动机(PP)，结果表明这些动机在大规模企业中显著存在，而在其他中小型规模的企业中基本不明显。从生态责任动机(env)来看，有多大能力就有多大的责任，大规模的企业也因此承

担了更多的社会责任，在环境保护日益重要的背景下，大规模的企业也需要承担生态责任，因而大规模的企业的生态责任动机也相对更显著，在生态责任动机的作用下会更倾向于开展创新活动并在创新上进行更多的投资。对于政治动机，结果显示政治晋升激励(PP)在大规模的国有企业中更明显，这说明高管的政治晋升可能更容易出现在大规模企业中(胡晓光，2018)。这可能是由于企业规模一定程度上决定了企业能够拥有资源的多少以及创新能力的高低，大企业往往比小企业有更多的资源和更强的创新能力去从事创新活动(Hashi & Stojcčić，2013；Lin et al.，2014)，这为高管实现政治晋升提供了良好的条件。对于中等规模的国有企业，高管的政治晋升动机更能显著诱发企业进行难度较高的绿色发明专利方面的创新而非难度较低的绿色实用新型专利方面的创新。这也从侧面说明了企业管理层会通过绿色创新来为自身及企业树立良好社会形象以增加高管的"绩效"和赢得声誉(张宏亮和王靖宇，2017)。总体来看，大规模企业具有更为显著的绿色创新动机，这与第四章的表 4-6 中企业规模作为控制变量的结论一致，企业规模越大，企业越倾向于开展绿色创新活动。

表 6-6　　不同企业规模下绿色创新动机的差异

lnGP	(1)	(2)	(3)	(4)	(5)	(6)
	小	中	大	小	中	大
leg_conf	0.372***	0.575***	0.701***			
	(0.097)	(0.091)	(0.092)			
leg_stra	0.320	0.365	0.529***			
	(0.380)	(0.294)	(0.205)			
econ_compete	4.118***	4.551***	3.152**			
	(1.438)	(1.223)	(1.250)			
econ_benefit	3.137**	1.834	2.703**			
	(1.278)	(1.416)	(1.223)			
env	0.013	0.011	0.029***			
	(0.013)	(0.009)	(0.007)			
PP				−0.022	0.041	0.065***
				(0.042)	(0.031)	(0.022)

续表

lnGP	(1)	(2)	(3)	(4)	(5)	(6)
	小	中	大	小	中	大
Control	Yes	Yes	Yes	Yes	Yes	Yes
Constant	Yes	Yes	Yes	Yes	Yes	Yes
Prov	Yes	Yes	Yes	Yes	Yes	Yes
Year	Yes	Yes	Yes	Yes	Yes	Yes
N	2569	2565	2567	416	661	1086
r2_p	0.063	0.076	0.100	0.105	0.099	0.127
aic	5617.679	6636.796	7925.973	889.066	1700.960	3326.976

注：(1) * 表示 $p < 0.10$，** 表示 $p < 0.05$，*** 表示 $p < 0.01$。(2)表中数值为模型的系数，括号中的数值为聚类到企业层面的稳健标准误。

表 6-7　　不同企业规模下绿色创新动机的差异：绿色发明专利

lnGPinv	(1)	(2)	(3)	(4)	(5)	(6)
	小	中	大	小	中	大
leg_conf	0.270***	0.522***	0.656***			
	(0.095)	(0.093)	(0.095)			
leg_stra	0.220	0.240	0.530**			
	(0.409)	(0.330)	(0.233)			
econ_compete	5.065***	4.981***	4.026***			
	(1.514)	(1.243)	(1.387)			
econ_benefit	2.198	3.474**	2.692**			
	(1.400)	(1.484)	(1.286)			
env	0.017	0.011	0.026***			
	(0.014)	(0.010)	(0.007)			
PP				−0.015	0.059*	0.055**
				(0.048)	(0.032)	(0.023)
Control	Yes	Yes	Yes	Yes	Yes	Yes

续表

lnGPinv	(1)	(2)	(3)	(4)	(5)	(6)
	小	中	大	小	中	大
Constant	Yes	Yes	Yes	Yes	Yes	Yes
Prov	Yes	Yes	Yes	Yes	Yes	Yes
Year	Yes	Yes	Yes	Yes	Yes	Yes
N	2569	2565	2567	416	661	1086
r2_p	0. 058	0. 075	0. 102	0. 125	0. 103	0. 132
aic	4403. 211	5468. 518	6955. 598	724. 694	1439. 562	2986. 412

注：(1) * 表示 $p < 0.10$，** 表示 $p < 0.05$，*** 表示 $p < 0.01$。(2)表中数值为模型的系数，括号中的数值为聚类到企业层面的稳健标准误。

表 6-8　　不同企业规模下绿色创新动机的差异：绿色实用新型专利

lnGPuti	(1)	(2)	(3)	(4)	(5)	(6)
	小	中	大	小	中	大
leg_conf	0. 420***	0. 618***	0. 643***			
	(0. 097)	(0. 089)	(0. 084)			
leg_stra	0. 186	0. 390	0. 380*			
	(0. 374)	(0. 280)	(0. 199)			
econ_compete	1. 900	1. 952*	1. 019			
	(1. 446)	(1. 163)	(1. 087)			
econ_benefit	3. 417***	−1. 886	1. 984			
	(1. 292)	(1. 396)	(1. 209)			
env	0. 005	0. 010	0. 028***			
	(0. 012)	(0. 010)	(0. 006)			
PP				−0. 003	0. 014	0. 062***
				(0. 042)	(0. 029)	(0. 020)
Control	Yes	Yes	Yes	Yes	Yes	Yes

续表

lnGPuti	(1)	(2)	(3)	(4)	(5)	(6)
	小	中	大	小	中	大
Constant	Yes	Yes	Yes	Yes	Yes	Yes
Prov	Yes	Yes	Yes	Yes	Yes	Yes
Year	Yes	Yes	Yes	Yes	Yes	Yes
N	2569	2565	2567	416	661	1086
r2_p	0.074	0.080	0.103	0.133	0.108	0.123
aic	4470.063	5521.494	7063.124	618.871	1362.199	2958.105

注：(1) * 表示 $p < 0.10$，** 表示 $p < 0.05$，*** 表示 $p < 0.01$。(2)表中数值为模型的系数，括号中的数值为聚类到企业层面的稳健标准误。

6.2.4 环境法规的影响

表 6-9 第(1)和(2)列检验了环境法规在企业绿色创新动机与行为之间的影响，第(3)—(6)列分别检验了环境法规在动机与绿色发明专利、绿色实用新型专利之间的影响。从表 6-9 中第(1)列显示的结果可以发现，适应合法性动机与新《环保法》的交互项(if_law×leg_conf)系数不显著，这表明适应合法性动机(leg_conf)对绿色创新的影响并未因新《环保法》的实施而发生变化，某种程度上说明了无论新《环保法》实施与否，企业都需要满足最低的合法性标准来保证存续。不同的是，战略合法性动机与新《环保法》的交互项(if_law×leg_stra)系数在 1%水平下显著为正，说明战略合法性动机(leg_stra)对绿色创新的刺激作用在新《环保法》实施后进一步凸显，且更倾向于难度较高的绿色发明方面的创新。这可能是，一方面由于新《环保法》的实施使得环境方面的制度变得更加完善也更加严格，原来的污染物减排等环保要求也进一步由软约束向强约束转变，企业必须遵守法律法规的要求，如果企业不主动寻求合法性将容易被淘汰，企业需要以某种方式开展与环境保护相关的绿色创新活动；另一方面，环境法规的日趋严苛代表了环境保护愈来愈重要，若企业被动地去迎合法规的要求，企业的各项行动容易受到限制，而且也容易面临未来法规政策变更的不确定性等风险。因此，企业可以主动

从这种趋势中抓住机会，从战略上主动获得合法性从而获得更多的优势，如通过绿色创新来建立技术壁垒或设定行业标准等(关洪军，等，2017；Liao & Tsai，2019)。这也从侧面反映了新《环保法》的实施可能加深了企业对环境保护重要程度的认识，使得企业将合法性动机逐步转向战略主动方向。

表 6-9　　环境法规在企业绿色创新动机与行为之间的影响

	(1)	(2)	(3)	(4)	(5)	(6)
	lnGP		lnGPinv		lnGPuti	
if_law	0.746***	1.290***	0.735***	1.155***	0.679***	1.005***
	(0.116)	(0.177)	(0.126)	(0.192)	(0.118)	(0.181)
leg_conf	0.592***		0.523***		0.591***	
	(0.060)		(0.061)		(0.057)	
leg_stra	0.510***		0.401**		0.446***	
	(0.161)		(0.178)		(0.154)	
econ_compete	3.571***		4.276***		1.341*	
	(0.875)		(0.960)		(0.778)	
econ_benefit	2.681***		2.840***		1.575*	
	(0.828)		(0.903)		(0.828)	
env	0.017***		0.016***		0.016***	
	(0.005)		(0.005)		(0.005)	
PP		0.054***		0.054***		0.044***
		(0.018)		(0.019)		(0.016)
if_law×leg_conf	-0.011		0.016		-0.006	
	(0.072)		(0.074)		(0.069)	
if_law×leg_stra	0.422*		0.593**		0.273	
	(0.247)		(0.273)		(0.250)	
if_law×econ_compete	-0.882		-0.649		-1.019	
	(0.997)		(1.138)		(0.882)	
if_law×econ_benefit	0.828		-0.080		2.321*	
	(1.266)		(1.412)		(1.248)	
if_law×env	-0.022**		-0.016*		-0.019**	

续表

	(1)	(2)	(3)	(4)	(5)	(6)
	lnGP		lnGPinv		lnGPuti	
	(0.009)		(0.009)		(0.008)	
if_law×PP		-0.014		-0.031		0.002
		(0.023)		(0.025)		(0.023)
Control	Yes	Yes	Yes	Yes	Yes	Yes
Constant	Yes	Yes	Yes	Yes	Yes	Yes
Prov	Yes	Yes	Yes	Yes	Yes	Yes
Year	Yes	Yes	Yes	Yes	Yes	Yes
N	7701	2163	7701	2163	7701	2163
r2_p	0.103	0.124	0.101	0.124	0.111	0.137
aic	20204.098	5924.164	16830.539	5146.820	17068.527	4927.958

注：(1) * 表示 $p < 0.10$，** 表示 $p < 0.05$，*** 表示 $p < 0.01$。(2)表中数值为模型的系数，括号中的数值为聚类到企业层面的稳健标准误。

此外，新《环保法》与竞争力动机、寻利动机的交互项(if_law×econ_compete、if_law×econ_benefit)系数均不显著，说明新《环保法》的实施并未显著影响竞争力动机(econ_compete)和寻利动机(econ_benefit)与绿色创新之间的关系。而生态责任动机(env)与绿色创新之间的正向关系则因新《环保法》的实施而减弱，这可能是由于新《环保法》实施后导致企业受到更严厉的监管和规制，使得企业不得不将更多的注意力和资源转移向企业的合法性上，战略合法性在新《环保法》实施后变得更显著这点也从侧面验证了这一可能。从第(2)、(4)和(6)列可以看出，新《环保法》实施与政治晋升动机的交互项系数(if_law×PP)不显著，表明政治晋升动机(PP)对企业绿色创新的影响并未因新《环保法》的实施而发生显著变化。

6.2.5 污染程度的影响

表 6-10 汇报了企业不同污染程度在企业绿色创新动机与行为之间的影响，回归结果显示污染程度与适应合法性动机的交互项(if_pollu×leg_conf)系数在 1%水平下显著为负，表明企业的污染程度越高，越是抑制了适应合法性动机对企业

绿色创新的促进作用。这似乎与理论不符，从理论上来说，越是污染程度高的企业更应该为了满足相关环境法规政策和利益相关者们的要求而采取绿色创新行为。这可能是由于企业为了遵守污染物减排的限制和标准，往往需要付出高昂的成本，从长期来看，企业的未来利润与长远发展将会受到影响(Cañón-de-Francia et al., 2007)。因此，企业会放弃被动地适应合法性要求，转而选择主动追求合法性来迎接新的境况。虽然污染程度与战略合法性的交互项(if_pollu×leg_stra)系数并不显著，但该系数是正的，也在一定程度上说明了污染程度高的企业的适应合法性动机正逐渐向战略合法性动机转变。对于竞争力动机(econ_compete)而言，企业的污染程度与竞争力动机的交互项(if_pollu×econ_compete)的系数在1%的水平下显著为正，说明企业的污染程度越高，企业绿色创新的竞争力动机越强，而且污染程度在竞争力动机与绿色发明专利之间有显著的正向作用，在竞争力动机与绿色实用新型专利之间并无显著影响。对于生态责任动机(env)，污染程度显著抑制了生态责任动机与绿色创新之间的关系，而且污染程度主要抑制了生态责任动机与绿色实用新型方面的绿色创新之间的正向关系。这可能是由于污染程度高的企业本身的生态道德意识并不高，因此也就出现企业有较高污染的状态以及绿色创新的生态责任动机不强的现象。此外，污染程度整体上在寻利动机(econ_benefit)和政治晋升动机(PP)与绿色创新行为之间没有显著的影响，其中，污染程度显著抑制了寻利动机(econ_benefit)与绿色实用新型专利之间的正向关系。

表 6-10　　企业污染程度在企业绿色创新动机与行为之间的影响

	(1)	(2)	(3)	(4)	(5)	(6)
	lnGP		lnGPinv		lnGPuti	
if_pollu	-0.208*	-0.057	-0.093	0.193	-0.516***	-0.518***
	(0.112)	(0.195)	(0.127)	(0.212)	(0.097)	(0.167)
leg_conf	0.546***		0.486***		0.531***	
	(0.058)		(0.060)		(0.054)	
leg_stra	0.467***		0.373**		0.476***	
	(0.167)		(0.183)		(0.157)	

续表

	(1)	(2)	(3)	(4)	(5)	(6)
	lnGP		lnGPinv		lnGPuti	
econ_compete	3.851***		4.559***		1.754**	
	(0.861)		(0.939)		(0.770)	
econ_benefit	2.565***		2.584***		1.821**	
	(0.814)		(0.837)		(0.805)	
env	0.022***		0.020***		0.022***	
	(0.005)		(0.005)		(0.005)	
PP		0.051***		0.051***		0.043***
		(0.018)		(0.019)		(0.016)
if_pollu×leg_conf	-0.492***		-0.456***		-0.407***	
	(0.141)		(0.156)		(0.128)	
if_pollu×leg_stra	0.293		0.293		0.376	
	(0.308)		(0.340)		(0.286)	
if_pollu×econ_compete	4.051*		5.787**		2.036	
	(2.247)		(2.562)		(1.993)	
if_pollu×econ_benefit	-0.166		0.860		-2.941*	
	(1.669)		(1.797)		(1.682)	
if_pollu×env	-0.017*		-0.011		-0.026**	
	(0.010)		(0.011)		(0.010)	
if_pollu×PP		0.029		0.021		0.015
		(0.041)		(0.047)		(0.036)
Control	Yes	Yes	Yes	Yes	Yes	Yes
Constant	Yes	Yes	Yes	Yes	Yes	Yes
Prov	Yes	Yes	Yes	Yes	Yes	Yes
Year	Yes	Yes	Yes	Yes	Yes	Yes
N	7701	2163	7701	2163	7701	2163
r2_p	0.104	0.124	0.103	0.125	0.115	0.141
aic	20175.831	5924.983	16803.465	5146.989	16992.278	4905.509

注：(1) * 表示 $p < 0.10$，** 表示 $p < 0.05$，*** 表示 $p < 0.01$。(2)表中数值为模型的系数，括号中的数值为聚类到企业层面的稳健标准误。

6.2.6 地域差异的影响

表6-11、表6-12、表6-13报告了不同地域的企业绿色创新动机的差异，可以发现东部地区的企业普遍存在较强的适应合法性动机(leg_conf)、战略合法性动机(leg_stra)、竞争力动机(econ_compete)、寻利动机(econ_benefit)、生态责任动机(env)和政治晋升动机(PP)，各项动机的系数均在1%的水平下显著，均能有效刺激企业进行绿色创新，包括绿色发明专利和绿色实用新型专利方面的创新。中部地区的企业绿色创新有明显的适应合法性动机(leg_conf)、战略合法性动机(leg_stra)和生态责任动机(env)。西部地区的企业绿色创新则有显著的适应合法性动机(leg_conf)和寻利动机(econ_benefit)。

综合来看，企业绿色创新动机呈现出一定的地区差异，东部地区的绿色创新普遍较强，东北地区的绿色创新则普遍较弱。这可能是由于东部地区的经济相对更为发达，制度环境更完善，市场化水平更高，资源配置也更高效，具备有利于企业开展绿色创新所需的基础条件和资源要素，而且东部地区的环境监管力度更大，利益相关者对环保更重视，企业面临的环保压力和竞争压力也相对更大(王晓祺，等，2020)，因而企业更有可能出于合法性、竞争力等动机而采取绿色创新活动。相比于经济发达的东部地区，其他地区的经济发展相对落后，优质的基础设施、劳动力、投资、技术等资源供应均不充足(Deng et al.，2019)，企业的创新资源和能力也较低(Tang et al.，2020)，容易导致企业绿色创新的积极性不高。

表6-11 **不同地域下企业绿色创新动机的差异**

lnGP	(1)	(2)	(3)	(4)	(5)	(6)	(7)	(8)
	东	中	西	东北	东	中	西	东北
leg_conf	0.730***	0.310**	0.300***	-0.309				
	(0.080)	(0.128)	(0.113)	(0.220)				
leg_stra	0.525***	0.852**	-0.023	0.485				
	(0.195)	(0.353)	(0.407)	(1.107)				
econ_compete	4.549***	-0.705	-0.569	-14.122***				
	(1.000)	(2.480)	(2.909)	(4.528)				

续表

lnGP	(1)	(2)	(3)	(4)	(5)	(6)	(7)	(8)
	东	中	西	东北	东	中	西	东北
econ_benefit	3.201***	1.319	2.761*	3.067				
	(1.022)	(1.843)	(1.575)	(3.226)				
env	0.021***	0.027**	0.013	-0.061				
	(0.006)	(0.013)	(0.012)	(0.037)				
PP					0.073***	0.005	0.036	0.060
					(0.024)	(0.034)	(0.034)	(0.052)
Control	Yes	Yes	Yes	Yes	Yes	Yes	Yes	Yes
Constant	Yes	Yes	Yes	Yes	Yes	Yes	Yes	Yes
Prov	Yes	Yes	Yes	Yes	Yes	Yes	Yes	Yes
Year	Yes	Yes	Yes	Yes	Yes	Yes	Yes	Yes
N	5557	1087	822	235	1246	415	383	119
r2_p	0.101	0.115	0.160	0.123	0.115	0.156	0.181	0.154
aic	14762.663	2898.067	1952.811	528.946	3590.234	1058.658	966.050	312.649

注：(1) * 表示 $p < 0.10$，** 表示 $p < 0.05$，*** 表示 $p < 0.01$。(2)表中数值为模型的系数，括号中的数值为聚类到企业层面的稳健标准误。

表 6-12 不同地域下企业绿色创新动机的差异：绿色发明专利

lnGPinv	(1)	(2)	(3)	(4)	(5)	(6)	(7)	(8)
	东	中	西	东北	东	中	西	东北
leg_conf	0.660***	0.271**	0.219**	-0.553***				
	(0.083)	(0.126)	(0.108)	(0.194)				
leg_stra	0.531**	0.644	-0.235	0.904				
	(0.217)	(0.396)	(0.418)	(0.968)				
econ_compete	5.400***	-1.272	-0.958	-10.800**				
	(1.134)	(2.720)	(2.700)	(4.603)				
econ_benefit	3.188***	1.206	4.009**	4.144				
	(1.092)	(1.843)	(1.866)	(2.868)				

续表

lnGPinv	(1)	(2)	(3)	(4)	(5)	(6)	(7)	(8)
	东	中	西	东北	东	中	西	东北
env	0.018***	0.029*	0.011	−0.049				
	(0.006)	(0.015)	(0.012)	(0.035)				
PP					0.065***	0.017	0.048	0.050
					(0.025)	(0.040)	(0.036)	(0.049)
Control	Yes	Yes	Yes	Yes	Yes	Yes	Yes	Yes
Constant	Yes	Yes	Yes	Yes	Yes	Yes	Yes	Yes
Prov	Yes	Yes	Yes	Yes	Yes	Yes	Yes	Yes
Year	Yes	Yes	Yes	Yes	Yes	Yes	Yes	Yes
N	5557	1087	822	235	1246	415	383	119
r2_p	0.099	0.129	0.147	0.153	0.106	0.171	0.201	0.202
aic	12354.756	2370.116	1634.741	415.998	3217.002	873.607	802.361	258.663

注：(1) * 表示 $p < 0.10$，** 表示 $p < 0.05$，*** 表示 $p < 0.01$。(2)表中数值为模型的系数，括号中的数值为聚类到企业层面的稳健标准误。

表 6-13　　不同地域下企业绿色创新动机的差异：绿色实用新型专利

lnGPuti	(1)	(2)	(3)	(4)	(5)	(6)	(7)	(8)
	东	中	西	东北	东	中	西	东北
leg_conf	0.739***	0.297**	0.282**	−0.082				
	(0.074)	(0.117)	(0.122)	(0.174)				
leg_stra	0.366**	0.887**	0.153	0.520				
	(0.181)	(0.357)	(0.402)	(1.160)				
econ_compete	2.017**	−1.870	−2.061	−12.142***				
	(0.860)	(2.323)	(3.200)	(3.753)				
econ_benefit	2.068**	0.447	1.222	−5.956				
	(1.018)	(1.933)	(1.585)	(4.897)				
env	0.020***	0.020	0.021	−0.080***				
	(0.006)	(0.012)	(0.015)	(0.031)				

续表

lnGPuti	(1)	(2)	(3)	(4)	(5)	(6)	(7)	(8)
	东	中	西	东北	东	中	西	东北
PP					0.067***	−0.017	0.041	0.045
					(0.021)	(0.034)	(0.032)	(0.051)
Control	Yes	Yes	Yes	Yes	Yes	Yes	Yes	Yes
Constant	Yes	Yes	Yes	Yes	Yes	Yes	Yes	Yes
Prov	Yes	Yes	Yes	Yes	Yes	Yes	Yes	Yes
Year	Yes	Yes	Yes	Yes	Yes	Yes	Yes	Yes
N	5557	1087	822	235	1246	415	383	119
r2_p	0.108	0.116	0.186	0.159	0.131	0.175	0.194	0.158
aic	12533.606	2494.906	1577.119	413.477	3002.076	873.761	807.186	256.638

注：(1) * 表示 $p < 0.10$，** 表示 $p < 0.05$，*** 表示 $p < 0.01$。(2)表中数值为模型的系数，括号中的数值为聚类到企业层面的稳健标准误。

6.3 情境因素在企业绿色创新行为与结果表现中的影响

6.3.1 生命周期的影响

表 6-14 报告了不同生命周期下的企业绿色创新的结果表现，表 6-15 和表 6-16分别报告了不同生命周期下不同的企业绿色创新类型的结果表现。可以发现，各生命周期阶段的企业的绿色创新均能显著提高资本报酬率(ROA)和销售收入增长率(sales)，这表明绿色创新在企业的不同生命周期阶段始终能够显著促进企业的经济绩效。对于绿色创新在企业声誉方面的表现，从表 6-14 中可以看出，企业的绿色创新仅在企业生命周期的成长阶段能够显著提升企业的声誉(repu)，在其他生命周期阶段的影响不显著。这可能是由于成长期的企业仍处在快速上升阶段，尚未形成稳定的盈利模式及知名度，需要进一步积累资源、稳定客户群并巩固知名度，绿色创新恰恰可以帮助企业获得关键利益相关者的青睐从而提升企业声誉。而在初创期的企业刚进入市场，资源有限，会更倾向于抢占市场、扩大规模以确保企业自身能够存续并在市场中占据一席之地(吴先明，等，2017)。

表 6-14　　不同生命周期下的企业绿色创新的结果表现

	ROA				sales				repu			
	(1)	(2)	(3)	(4)	(5)	(6)	(7)	(8)	(9)	(10)	(11)	(12)
	初创	成长	成熟	衰退	初创	成长	成熟	衰退	初创	成长	成熟	衰退
lnGP	0. 173***	0. 130***	0. 217***	0. 264***	6. 976***	6. 690***	3. 265	14. 291***	0. 060	0. 042**	0. 015	0. 051
	(0. 064)	(0. 045)	(0. 053)	(0. 091)	(2. 124)	(2. 044)	(2. 346)	(3. 609)	(0. 053)	(0. 020)	(0. 038)	(0. 038)
Control	Yes	Yes	Yes	Yes	Yes	Yes	Yes	Yes	Yes	Yes	Yes	Yes
Constant	Yes	Yes	Yes	Yes	Yes	Yes	Yes	Yes	Yes	Yes	Yes	Yes
Prov	Yes	Yes	Yes	Yes	Yes	Yes	Yes	Yes	Yes	Yes	Yes	Yes
Year	Yes	Yes	Yes	Yes	Yes	Yes	Yes	Yes	Yes	Yes	Yes	Yes
N	1022	2777	2778	1124	412	1023	1038	365	1022	2777	2778	1124
r2	0. 788	0. 797	0. 809	0. 726	0. 474	0. 440	0. 410	0. 525	0. 362	0. 472	0. 385	0. 459
aic	4335. 153	11613. 774	12485. 059	5315. 019	4124. 556	10402. 364	10696. 143	3757. 758	3373. 307	7414. 221	9611. 005	3971. 781

注：(1) * 表示 $p < 0.10$，** 表示 $p < 0.05$，*** 表示 $p < 0.01$。(2)表中数值为模型的系数，括号中的数值为聚类到企业层面的稳健标准误。

表 6-15　　不同生命周期下的企业绿色创新的结果表现：绿色发明专利

	ROA				sales				repu			
	(1)	(2)	(3)	(4)	(5)	(6)	(7)	(8)	(9)	(10)	(11)	(12)
	初创	成长	成熟	衰退	初创	成长	成熟	衰退	初创	成长	成熟	衰退
lnGPinv	0.204***	0.141**	0.268***	0.326***	8.001***	9.431***	4.526	20.114***	0.098*	0.070***	0.007	0.055
	(0.078)	(0.056)	(0.064)	(0.112)	(2.736)	(2.616)	(2.938)	(4.602)	(0.058)	(0.023)	(0.045)	(0.042)
Control	Yes	Yes	Yes	Yes	Yes	Yes	Yes	Yes	Yes	Yes	Yes	Yes
Constant	Yes	Yes	Yes	Yes	Yes	Yes	Yes	Yes	Yes	Yes	Yes	Yes
Prov	Yes	Yes	Yes	Yes	Yes	Yes	Yes	Yes	Yes	Yes	Yes	Yes
Year	Yes	Yes	Yes	Yes	Yes	Yes	Yes	Yes	Yes	Yes	Yes	Yes
N	1022	2777	2778	1124	412	1023	1038	365	1022	2777	2778	1124
r2	0.788	0.797	0.809	0.726	0.47	0.449	0.411	0.547	0.363	0.474	0.385	0.459
aic	4335.700	11615.857	12483.894	5314.491	4126.998	10386.089	10694.219	3740.105	3371.281	7407.034	9611.306	3972.074

注：(1) * 表示 $p < 0.10$，** 表示 $p < 0.05$，*** 表示 $p < 0.01$。(2)表中数值为模型的系数，括号中的数值为聚类到企业层面的稳健标准误。

表 6-16　　不同生命周期下的企业绿色创新的结果表现：绿色实用新型专利

	ROA				sales				repu			
	(1)	(2)	(3)	(4)	(5)	(6)	(7)	(8)	(9)	(10)	(11)	(12)
	初创	成长	成熟	衰退	初创	成长	成熟	衰退	初创	成长	成熟	衰退
lnGPuti	0.141*	0.126**	0.204***	0.282***	7.780***	6.465***	4.348	14.925***	0.050	0.038	0.038	0.034
	(0.075)	(0.052)	(0.065)	(0.107)	(2.902)	(2.465)	(2.754)	(4.532)	(0.064)	(0.024)	(0.041)	(0.048)
Control	Yes	Yes	Yes	Yes	Yes	Yes	Yes	Yes	Yes	Yes	Yes	Yes
Constant	Yes	Yes	Yes	Yes	Yes	Yes	Yes	Yes	Yes	Yes	Yes	Yes
Prov	Yes	Yes	Yes	Yes	Yes	Yes	Yes	Yes	Yes	Yes	Yes	Yes
Year	Yes	Yes	Yes	Yes	Yes	Yes	Yes	Yes	Yes	Yes	Yes	Yes
N	1022	2777	2778	1124	412	1023	1038	365	1022	2777	2778	1124
r2	0.787	0.797	0.809	0.726	0.470	0.433	0.411	0.505	0.361	0.472	0.386	0.458
aic	4339.605	11619.182	12495.712	5318.053	4127.084	10416.131	10695.020	3772.139	3374.642	7417.297	9609.958	3972.786

注：(1) * 表示 $p < 0.10$，** 表示 $p < 0.05$，*** 表示 $p < 0.01$。(2)表中数值为模型的系数，括号中的数值为聚类到企业层面的稳健标准误。

对于成熟期的企业，已经获得稳定的市场和盈利模式，在市场中也已树立了良好的声誉，绿色创新对声誉的提升作用也大多在成长阶段发挥了，故而绿色创新的提升作用并不显著。同样的，对于衰退期的企业，企业的资源、能力以及利润等都处于下坡阶段，企业的侧重点转移，此时的企业可能更需要的是转型发展而非提升声誉(杨艳，等，2014)。

根据表 6-15 和表 6-16 ，从绿色创新的类型来看，只有难度较高的绿色发明专利对企业的声誉有显著的提升作用，难度较低的绿色实用新型专利对企业的声誉并无显著影响，一定程度上说明了单纯通过增加专利数量对企业的声誉并无益处，企业需要注重创新的质量才能更好地维护并提升企业的声誉(Truong et al.，2021)。

6.3.2 内部激励的影响

表 6-17 报告了内部激励在企业绿色创新与结果表现之间的影响，其中第(1)—(3)列为绿色创新对企业的资本报酬率(ROA)、销售收入增长率(sales)和声誉(repu)的影响。第(1)列的结果显示企业的内部激励与绿色创新的交互项(TMT_income×lnGP)系数虽然是正的，但并不显著，说明企业的内部激励在绿色创新与资本报酬率(ROA)之间并无显著影响，而第(2)列的结果显示内部激励与绿色创新的交互项(TMT_income×lnGP)系数在 1%水平下显著为正，表明内部激励强化了企业绿色创新对销售收入增长率(sales)的促进作用。内部激励在绿色创新与资本报酬率之间无影响，而在绿色创新与销售收入增长率之间有积极影响，原因可能是，当企业给予高管更高的薪酬水平作为内部激励时，可以有效激励高管从企业长远利益出发，关注企业的成长性，而当薪酬水平较低时，企业可能更关注企业的短期利益(Wu et al.，2020)。第(3)列中内部激励与绿色创新的交互项(TMT_income×lnGP)系数虽为正但不显著，表明内部激励在企业绿色创新与声誉之间并无显著的影响。第(4)—(6)列和第(7)—(9)列分别报告了绿色发明专利和绿色实用新型专利对企业资本报酬率(ROA)、销售收入增长率(sales)和声誉(repu)的影响，从回归结果可以看出，内部激励(TMT_income)在企业绿色创新与结果表现之间的影响并未因绿色创新类型的不同而产生明显的变化。

表 6-17　内部激励在企业绿色创新与结果表现之间的影响

	(1)	(2)	(3)	(4)	(5)	(6)	(7)	(8)	(9)
	ROA	sales	repu	ROA	sales	repu	ROA	sales	repu
TMT_income	0.629***	8.432***	0.181***	0.625***	8.080***	0.179***	0.641***	8.658***	0.184***
	(0.079)	(2.784)	(0.051)	(0.080)	(2.797)	(0.052)	(0.079)	(2.810)	(0.051)
lnGP	0.145***	4.491***	0.03						
	(0.037)	(1.449)	(0.026)						
lnGPinv				0.164***	5.706***	0.042			
				(0.048)	(1.819)	(0.032)			
lnGPuti							0.145***	4.810***	0.03
							(0.043)	(1.705)	(0.028)
TMT_income×lnGP	0.018	7.984***	0.005						
	(0.052)	(2.483)	(0.033)						
TMT_income×lnGPinv				0.002	9.432***	0.005			
				(0.065)	(3.177)	(0.040)			
TMT_income×lnGPuti							0.018	8.717***	0.009
							(0.060)	(2.737)	(0.036)
Control	Yes	Yes	Yes	Yes	Yes	Yes	Yes	Yes	Yes
Constant	Yes	Yes	Yes	Yes	Yes	Yes	Yes	Yes	Yes
Prov	Yes	Yes	Yes	Yes	Yes	Yes	Yes	Yes	Yes
Year	Yes	Yes	Yes	Yes	Yes	Yes	Yes	Yes	Yes
N	7605	2812	7605	7605	2812	7605	7605	2812	7605
r2	0.791	0.433	0.394	0.791	0.436	0.394	0.791	0.428	0.394
aic	33656.517	28579.165	24696.902	33661.937	28562.625	24694.908	33668.605	28606.221	24698.397

注：(1) * 表示 $p < 0.10$，** 表示 $p < 0.05$，*** 表示 $p < 0.01$。(2)表中数值为模型的系数，括号中的数值为聚类到企业层面的稳健标准误。

6.3.3 企业规模的影响

表6-18报告了不同企业规模下的企业绿色创新的结果表现，表6-19和表6-20进一步报告了不同企业规模下不同的绿色创新类型的结果表现差异。从表中可以发现，除小规模企业之外，企业的绿色创新行为对资本报酬率(ROA)、销售收入增长率(sales)和企业声誉(repu)均有显著的促进作用，表明大规模和中等规模的企业绿色创新均能显著提升企业的经济绩效和企业声誉。这可能是由于企业规模可以带来一定的经济效益，较大规模的企业能够通过提高绿色产品、服务等的产出来获得巨大的成本优势(Tang et al.，2020)，形成规模效应，因而更有可能通过绿色创新获得良好的经济和声誉表现。相比之下，对于小规模企业，绿色创新仅对代表盈利能力的资本报酬率有显著的提升作用，对企业的销售收入增长率和声誉并无显著影响。

另外，对于绿色创新不同类型可能引起的结果表现的差异，根据表6-19和表6-20的回归结果，就系数大小来看，绿色发明专利在经济绩效和声誉方面的回报普遍高于绿色实用新型专利方面的创新回报。这可能是由于绿色发明专利比绿色实用新型专利难度更高，创新质量也更高，不易被竞争对手模仿，从而更有利于企业形成竞争优势并持续为企业创造价值。

表6-18　　不同企业规模下的企业绿色创新的结果表现

	ROA			sales			repu		
	(1)	(2)	(3)	(4)	(5)	(6)	(7)	(8)	(9)
	小	中	大	小	中	大	小	中	大
lnGP	0.169**	0.211***	0.209***	2.611	4.134**	9.526***	−0.090	0.050*	0.112***
	(0.069)	(0.049)	(0.056)	(1.922)	(1.768)	(2.928)	(0.062)	(0.026)	(0.026)
Control	Yes	Yes	Yes	Yes	Yes	Yes	Yes	Yes	Yes
Constant	Yes	Yes	Yes	Yes	Yes	Yes	Yes	Yes	Yes
Prov	Yes	Yes	Yes	Yes	Yes	Yes	Yes	Yes	Yes
Year	Yes	Yes	Yes	Yes	Yes	Yes	Yes	Yes	Yes
N	2569	2565	2567	1158	991	689	2569	2565	2567

续表

	ROA			sales			repu		
	(1)	(2)	(3)	(4)	(5)	(6)	(7)	(8)	(9)
	小	中	大	小	中	大	小	中	大
r2	0.764	0.830	0.831	0.374	0.308	0.367	0.204	0.243	0.387
aic	11548.993	10814.622	11085.844	10916.189	9947.718	7468.707	9857.338	6424.679	6858.718

注：(1) * 表示 $p<0.10$，** 表示 $p<0.05$，*** 表示 $p<0.01$。(2)表中数值为模型的系数，括号中的数值为聚类到企业层面的稳健标准误。

表 6-19　不同企业规模下的企业绿色创新的结果表现：绿色发明专利

	ROA			sales			repu		
	(1)	(2)	(3)	(4)	(5)	(6)	(7)	(8)	(9)
	小	中	大	小	中	大	小	中	大
lnGPinv	0.220**	0.234***	0.246***	4.401	5.585***	11.313***	-0.083	0.053*	0.124***
	(0.090)	(0.057)	(0.066)	(2.860)	(2.155)	(3.429)	(0.079)	(0.032)	(0.029)
Control	Yes	Yes	Yes	Yes	Yes	Yes	Yes	Yes	Yes
Constant	Yes	Yes	Yes	Yes	Yes	Yes	Yes	Yes	Yes
Prov	Yes	Yes	Yes	Yes	Yes	Yes	Yes	Yes	Yes
Year	Yes	Yes	Yes	Yes	Yes	Yes	Yes	Yes	Yes
N	2569	2565	2567	1158	991	689	2569	2565	2567
r2	0.764	0.829	0.831	0.377	0.310	0.371	0.204	0.242	0.386
aic	11548.850	10819.681	11083.531	10911.470	9945.067	7464.523	9859.864	6426.737	6862.474

注：(1) * 表示 $p<0.10$，** 表示 $p<0.05$，*** 表示 $p<0.01$。(2)表中数值为模型的系数，括号中的数值为聚类到企业层面的稳健标准误。

表 6-20　不同企业规模下的企业绿色创新的结果表现：绿色实用新型专利

	ROA			sales			repu		
	(1)	(2)	(3)	(4)	(5)	(6)	(7)	(8)	(9)
	小	中	大	小	中	大	小	中	大
lnGPuti	0.163*	0.221***	0.191***	1.883	3.933*	11.160***	-0.126*	0.043	0.127***
	(0.084)	(0.062)	(0.062)	(1.854)	(2.196)	(3.311)	(0.067)	(0.030)	(0.031)

续表

	ROA			sales			repu		
	(1)	(2)	(3)	(4)	(5)	(6)	(7)	(8)	(9)
	小	中	大	小	中	大	小	中	大
Control	Yes	Yes	Yes	Yes	Yes	Yes	Yes	Yes	Yes
Constant	Yes	Yes	Yes	Yes	Yes	Yes	Yes	Yes	Yes
Prov	Yes	Yes	Yes	Yes	Yes	Yes	Yes	Yes	Yes
Year	Yes	Yes	Yes	Yes	Yes	Yes	Yes	Yes	Yes
N	2569	2565	2567	1158	991	689	2569	2565	2567
r2	0.763	0.829	0.830	0.372	0.305	0.365	0.205	0.241	0.386
aic	11553.027	10823.824	11101.441	10921.145	9952.991	7470.948	9856.303	6429.469	6863.404

注：(1) * 表示 $p < 0.10$，** 表示 $p < 0.05$，*** 表示 $p < 0.01$。(2)表中数值为模型的系数，括号中的数值为聚类到企业层面的稳健标准误。

6.3.4 环境法规的影响

表 6-21 检验了环境法规在企业绿色创新与结果表现之间的影响，根据第(1)和第(3)列的回归结果，从整体上看，尽管结果在统计上不显著，但环境法规和绿色创新的交互项(if_law×lnGP)系数的负号可以在一定程度上表明，新《环保法》的实施确实抑制了企业绿色创新的结果表现，即严格的环境法规限制了绿色创新对企业的资本报酬率和声誉的提升作用，与 Aguilera-Caracuel & Ortiz-de-Mandojana(2013)的结论一致。出现这种现象的原因可能是：一方面由于新《环保法》比之前的环境法规政策都更严厉，企业不得不投入更多的资源去遵守更严格的污染物排放要求及其他标准，由此负担的成本随之上升(Jaffe et al.，1995)，从而影响了企业的经济绩效；另一方面，严格的环境法规使得环境保护变成必然的行为而非潜在的行为，企业原来可以通过绿色创新获得的竞争优势随之减少，无法借助绿色创新与竞争对手产生明显的差异化(Aguilera-Caracuel & Ortiz-de-Mandojana，2013)。然而，根据第(2)列的结果，环境法规和绿色创新的交互项(if_law×lnGP)系数虽不显著，但正号一定程度上可以说明，从企业的长远发展

来看，严格的环境法规有利于企业的销售收入增长率提升，这可能是由于严格的环境法规会倒逼企业尝试进行更多的绿色创新活动，提高企业的生产力，以此来抵消环境保护成本，形成长期获利能力(Porter & van der Linde，1995)。根据第(4)—(9)列的不同绿色创新类型的结果表现，对于资本报酬率(ROA)，新《环保法》的实施在绿色发明专利的表现中的抑制作用比在绿色实用新型专利的表现中更明显。在企业声誉(repu)方面的表现，新《环保法》的实施在绿色实用新型专利对企业声誉的积极影响中有更显著的抑制作用。

表 6-21　　环境法规在企业绿色创新与结果表现之间的影响

	lnGP			lnGPinv			lnGPuti		
	(1)	(2)	(3)	(4)	(5)	(6)	(7)	(8)	(9)
	ROA	sales	repu	ROA	sales	repu	ROA	sales	repu
if_law	-1.173***	1.192	0.738***	-1.155***	0.969	0.739***	-1.140***	2.315	0.745***
	(0.133)	(4.406)	(0.084)	(0.133)	(4.387)	(0.083)	(0.132)	(4.384)	(0.083)
lnGP	0.180***	6.215***	0.043*						
	(0.038)	(1.703)	(0.026)						
lnGPinv				0.217***	8.731***	0.056*			
				(0.047)	(2.217)	(0.030)			
lnGPuti							0.170***	6.672***	0.048*
							(0.043)	(1.998)	(0.029)
if_law	-0.064	1.012	-0.029						
×lnGP	(0.051)	(2.429)	(0.026)						
if_law				-0.108*	0.902	-0.011			
×lnGPinv				(0.063)	(3.207)	(0.033)			
if_law							-0.04	-0.755	-0.062**
×lnGPuti							(0.062)	(3.035)	(0.029)
Control	Yes	Yes	Yes	Yes	Yes	Yes	Yes	Yes	Yes
Constant	Yes	Yes	Yes	Yes	Yes	Yes	Yes	Yes	Yes
Prov	Yes	Yes	Yes	Yes	Yes	Yes	Yes	Yes	Yes
Year	Yes	Yes	Yes	Yes	Yes	Yes	Yes	Yes	Yes

续表

	lnGP			lnGPinv			lnGPuti		
	(1)	(2)	(3)	(4)	(5)	(6)	(7)	(8)	(9)
	ROA	sales	repu	ROA	sales	repu	ROA	sales	repu
N	7701	2838	7701	7701	2838	7701	7701	2838	7701
r2	0.783	0.418	0.396	0.783	0.424	0.396	0.783	0.414	0.396
aic	34345.338	28940.201	25025.484	34345.980	28912.626	25024.023	34366.172	28961.118	25025.472

注：(1) * 表示 $p < 0.10$，** 表示 $p < 0.05$，*** 表示 $p < 0.01$。(2)表中数值为模型的系数，括号中的数值为聚类到企业层面的稳健标准误。

6.3.5 污染程度的影响

表6-22汇报了企业污染程度在企业绿色创新与结果表现之间的影响，绿色创新与企业是否重污染的交互项(if_pollu×lnGP)系数尽管在统计上不显著，但负的交互项系数可以在一定程度上说明重污染程度会弱化绿色创新对企业盈利能力(ROA)的促进作用，正的交互项系数表示企业污染程度强化了绿色创新对企业的销售收入增长率(sales)及声誉(repu)的提升作用。污染程度的不同方向的影响可能是由于在短期内，企业的重污染代表了企业需要首先满足减排目标，相比于轻污染的企业成本负担较重，因此，短期内污染程度抑制了绿色创新对企业绩效的促进作用。而从长期来看，污染程度高的企业势必会采取绿色创新等措施来高效率地减轻污染物减排的重负，因此，对于销售收入增长率和声誉而言，污染程度在绿色创新与结果表现之间能够产生正向的影响。对比第(4)—(9)列企业污染程度在不同类型的绿色创新与结果表现之间的影响，可以发现企业污染程度在绿色实用新型创新与经济绩效和声誉之间的关系的影响较大。

表6-22　**企业污染程度在企业绿色创新与结果表现之间的影响**

	(1)	(2)	(3)	(4)	(5)	(6)	(7)	(8)	(9)
	ROA	sales	repu	ROA	sales	repu	ROA	sales	repu
if_pollu	-0.300**	8.244	0.160*	-0.302**	6.846	0.143	-0.322***	9.801*	0.187**
	(0.120)	(5.473)	(0.092)	(0.119)	(5.222)	(0.090)	(0.123)	(5.553)	(0.095)

续表

	(1)	(2)	(3)	(4)	(5)	(6)	(7)	(8)	(9)
	ROA	sales	repu	ROA	sales	repu	ROA	sales	repu
lnGP	0.166***	6.890***	0.047*						
	(0.037)	(1.770)	(0.025)						
lnGPinv				0.201***	9.220***	0.057**			
				(0.045)	(2.272)	(0.028)			
lnGPuti							0.132***	7.978***	0.063**
							(0.043)	(1.997)	(0.030)
if_pollu	−0.089	6.362	0.102						
×lnGP	(0.091)	(5.973)	(0.074)						
if_pollu				−0.047	5.444	0.069			
×lnGPinv				(0.106)	(7.687)	(0.080)			
if_pollu							−0.233*	8.999	0.158*
×lnGPuti							(0.124)	(6.149)	(0.086)
Control	Yes	Yes	Yes	Yes	Yes	Yes	Yes	Yes	Yes
Constant	Yes	Yes	Yes	Yes	Yes	Yes	Yes	Yes	Yes
Prov	Yes	Yes	Yes	Yes	Yes	Yes	Yes	Yes	Yes
Year	Yes	Yes	Yes	Yes	Yes	Yes	Yes	Yes	Yes
N	7701	2838	7701	7701	2838	7701	7701	2838	7701
r2	0.784	0.422	0.397	0.784	0.426	0.397	0.783	0.418	0.397
aic	34331.764	28924.175	25007.844	34333.882	28901.822	25011.299	34349.229	28943.906	25008.243

注：(1) * 表示 $p < 0.10$，** 表示 $p < 0.05$，*** 表示 $p < 0.01$。(2)表中数值为模型的系数，括号中的数值为聚类到企业层面的稳健标准误。

6.3.6　地域差异的影响

表 6-23 从整体上检验了不同地域下的企业绿色创新对企业绩效和声誉的影响，表 6-24 和表 6-25 区分了绿色创新的类型，分别检验了不同地域下绿色发明专利和绿色实用新型专利对企业绩效和声誉的影响。对于代表盈利能力的资本报酬率(ROA)和成长性的销售收入增长率(sales)指标，第(1)—(8)列的结果显示

表 6-23　　不同地域下的企业绿色创新的结果表现

	ROA				sales				repu			
	(1)	(2)	(3)	(4)	(5)	(6)	(7)	(8)	(9)	(10)	(11)	(12)
	东	中	西	东北	东	中	西	东北	东	中	西	东北
lnGP	0. 201***	0. 180	-0. 054	0. 269	5. 901***	6. 003	6. 232	11. 383	0. 031	0. 000	0. 160**	0. 138
	(0. 040)	(0. 111)	(0. 141)	(0. 204)	(1. 808)	(4. 323)	(6. 726)	(7. 588)	(0. 026)	(0. 096)	(0. 070)	(0. 110)
Control	Yes	Yes	Yes	Yes	Yes	Yes	Yes	Yes	Yes	Yes	Yes	Yes
Constant	Yes	Yes	Yes	Yes	Yes	Yes	Yes	Yes	Yes	Yes	Yes	Yes
Prov	Yes	Yes	Yes	Yes	Yes	Yes	Yes	Yes	Yes	Yes	Yes	Yes
Year	Yes	Yes	Yes	Yes	Yes	Yes	Yes	Yes	Yes	Yes	Yes	Yes
N	5557	1087	822	235	2108	363	264	103	5557	1087	822	235
r2	0. 796	0. 788	0. 758	0. 760	0. 375	0. 590	0. 591	0. 681	0. 409	0. 372	0. 512	0. 264
aic	24342. 095	4876. 568	3851. 786	1082. 447	21356. 303	3770. 558	2645. 342	1065. 383	17396. 070	4041. 704	2394. 888	913. 048

注：(1) * 表示 $p < 0.10$，** 表示 $p < 0.05$，*** 表示 $p < 0.01$。(2)表中数值为模型的系数，括号中的数值为聚类到企业层面的稳健标准误。

表 6-24　　不同地域下的企业绿色创新的结果表现：绿色发明专利

	ROA				sales				repu			
	(1)	(2)	(3)	(4)	(5)	(6)	(7)	(8)	(9)	(10)	(11)	(12)
	东	中	西	东北	东	中	西	东北	东	中	西	东北
lnGPinv	0.241***	0.179	-0.096	0.459	8.449***	6.801	7.382	13.660	0.046	-0.001	0.182**	0.303
	(0.048)	(0.133)	(0.197)	(0.306)	(2.477)	(4.834)	(8.380)	(11.719)	(0.031)	(0.100)	(0.084)	(0.212)
Control	Yes	Yes	Yes	Yes	Yes	Yes	Yes	Yes	Yes	Yes	Yes	Yes
Constant	Yes	Yes	Yes	Yes	Yes	Yes	Yes	Yes	Yes	Yes	Yes	Yes
Prov	Yes	Yes	Yes	Yes	Yes	Yes	Yes	Yes	Yes	Yes	Yes	Yes
Year	Yes	Yes	Yes	Yes	Yes	Yes	Yes	Yes	Yes	Yes	Yes	Yes
N	5557	1087	822	235	2108	363	264	103	5557	1087	822	235
r2	0.796	0.787	0.758	0.762	0.382	0.590	0.592	0.678	0.409	0.372	0.511	0.270
aic	24341.836	4878.508	3851.397	1080.971	21334.394	3770.844	2644.957	1066.472	17393.778	4041.704	2396.407	910.963

注：（1）* 表示 $p < 0.10$，** 表示 $p < 0.05$，*** 表示 $p < 0.01$。（2）表中数值为模型的系数，括号中的数值为聚类到企业层面的稳健标准误。

表 6-25　　不同地域下的企业绿色创新的结果表现：绿色实用新型专利

	ROA				sales				repu			
	(1)	(2)	(3)	(4)	(5)	(6)	(7)	(8)	(9)	(10)	(11)	(12)
	东	中	西	东北	东	中	西	东北	东	中	西	东北
lnGPuti	0.194***	0.212	-0.089	0.041	5.537***	8.532*	15.473**	14.804*	0.025	0.015	0.223***	0.045
	(0.047)	(0.131)	(0.138)	(0.197)	(1.985)	(5.051)	(7.131)	(7.924)	(0.028)	(0.106)	(0.080)	(0.155)
Control	Yes	Yes	Yes	Yes	Yes	Yes	Yes	Yes	Yes	Yes	Yes	Yes
Constant	Yes	Yes	Yes	Yes	Yes	Yes	Yes	Yes	Yes	Yes	Yes	Yes
Prov	Yes	Yes	Yes	Yes	Yes	Yes	Yes	Yes	Yes	Yes	Yes	Yes
Year	Yes	Yes	Yes	Yes	Yes	Yes	Yes	Yes	Yes	Yes	Yes	Yes
N	5557	1087	822	235	2108	363	264	103	5557	1087	822	235
r2	0.795	0.788	0.758	0.758	0.368	0.593	0.612	0.683	0.409	0.372	0.515	0.261
aic	24362.909	4877.161	3851.512	1084.518	21378.624	3768.376	2631.790	1064.853	17398.765	4041.631	2389.129	914.115

注：(1) * 表示 $p < 0.10$，** 表示 $p < 0.05$，*** 表示 $p < 0.01$。(2)表中数值为模型的系数，括号中的数值为聚类到企业层面的稳健标准误。

仅东部地区企业绿色创新对资本报酬率具有显著的正向作用，表明东部地区企业绿色创新在盈利能力和成长性方面有良好的表现，而其他地区的企业绿色创新在盈利能力和成长性方面的作用不显著，这可能是由于样本中地处中部、西部和东北地区的企业中重污染企业比例较高，分别约占24.2%、30.2%和23.8%，企业污染水平较高，随之承担的污染物减排成本或污染处罚也较高，部分抵消了企业的盈利。对于企业声誉(repu)，第(9)—(12)列的结果表明仅西部地区的企业绿色创新对企业声誉有显著提升作用，其他地区的企业绿色创新对企业声誉没有明显的提升作用，可能是由于在这些地区，绿色创新对声誉的提升作用存在一定的滞后效应，在短期内无法有效发挥作用。此外，东部地区的企业绿色创新与企业的声誉无显著的关系，还可能是由于东部地区的企业竞争激烈，企业采取绿色创新已成为常态或普遍现象，企业无法与竞争对手区分，绿色创新对声誉的提升作用不易形成。另外，东北地区的企业进行绿色创新并不会在企业的经济绩效和声誉方面有显著的良好表现，这也进一步验证了上一节中表6-11的结果，东北地区的企业绿色创新动机普遍不高。

6.4　本章小结

本章以前面第四章和第五章的样本为基础，分别探讨了企业规模、内部激励、企业生命周期、污染程度差异、环境法规以及地域六种不同的情境在企业绿色创新“动机-行为”以及“行为—结果”逻辑路径中的影响。根据实证检验的结果，主要得出以下结论：

企业绿色创新的动机在不同条件下存在差异。(1)处于不同生命周期的企业的绿色创新动机存在一定的差异。处于初创期的企业具有显著的适应合法性动机和生态责任动机；处于成长期和成熟期的企业随着企业各方面资源能力的充足，企业绿色创新的动机增强，包括适应合法性动机、战略合法性动机、竞争力动机、寻利动机、生态责任动机和政治晋升动机；当企业发展至衰退阶段，仅适应合法性动机、战略合法性动机和竞争力动机能显著促进企业进行绿色创新。(2)内部激励强化了企业的适应合法性动机和寻利动机对绿色创新的促进作用，弱化了企业战略合法性动机的转化。(3)所有规模类型的企业进行绿色创新都有显著的适应合法性和竞争力动机，区别主要在于战略合法性动机、寻利动机、生态责任动机和政治晋升动机，这些动机在大规模企业中能显著促进企业开展绿色创新。(4)新《环保法》的实施削弱了企业适应合法性动机转而促进了战略合法性动机对绿色创新的促进作用，这说明了环境法规的严格有利于企业加深对环境保护的重要性的认识，使得企业逐渐向主动寻求合法性转变。(5)污染程度抑制了适应合法性动机、生态责任动机与绿色创新之间的正向关系，促进了竞争力动机与绿色创新的正向关系。(6)针对东、中、西和东北地区企业绿色创新动机的差异，东部地区的绿色创新动机普遍较强，东北地区的绿色创新动机则普遍较弱，这可能是两地经济发展水平、制度环境和资源配置等的差异造成的。

企业绿色创新行为在经济绩效和声誉的结果表现方面，同样受到了情境因素的影响。(1)不同生命周期阶段的企业进行绿色创新基本都能在经济绩效方面获得显著的提升，但在声誉方面，仅成长期的企业能通过绿色创新有效提升企业的声誉水平。(2)企业的内部激励在绿色创新与销售收入增长率之间发挥着显著的促进作用，而在绿色创新与资本报酬率、声誉之间并无显著的影响。(3)大规模企业和中等规模企业的绿色创新行为对资本报酬率、销售收入增长率和企业声誉均有显著的促进作用，然而，小规模企业的绿色创新行为仅对资本报酬率有显著的正向影响。(4)尽管在统计上不显著，但是新《环保法》的实施在一定程度上限制了绿色创新对企业资本报酬率和声誉的提升作用，而从长远来看，新《环保法》的实施又强化了企业绿色创新对销售收入增长率的积极作用。(5)污染程度在绿色创新与企业绩效和声誉之间不存在显著的影响。(6)东部地区的企业绿色创新能显著提升企业的资本报酬率和销售收入增长率，西部地区的企业绿色创新能有效提升企业的声誉，而中部和西部地区的企业绿色创新行为对企业的经济绩效和声誉均无显著影响。

此外，在不同情境条件下，企业绿色创新的动机并非总是能同时诱发企业不同类型的绿色创新行为，而是会因情境的不同出现一定的偏向性，这种偏向性在绿色创新的结果表现中也存在。

第七章　结论与展望

7.1　研究结论

绿色创新越来越被强调是有效解决环境问题、实现可持续发展的重要途径。然而，当前我国企业在绿色创新活动方面仍存在较大差异，有些企业积极主动开展绿色创新活动，而有些企业宁愿支付额外的排污费等成本(齐绍洲，等，2018；王晓祺，等，2020；李青原和肖泽华，2020)也不愿意进行绿色创新。那么，那些采取绿色创新活动的企业究竟是出于什么动机呢？同时，绿色创新不是企业的最终目的，而是实现目标的手段，那么，企业究竟是否值得进行绿色创新，绿色创新能否帮助企业获得良好的绩效和声誉？这些都是值得研究的问题。

本书通过文献梳理发现已有关于企业绿色创新动机的研究仍存在值得进一步研究的地方。第一，现有关于企业绿色创新动机的理论研究仍较为局限(Bansal & Roth，2000；张台秋，2012；Allet，2014；Bossle et al.，2016；陈力田，等，2018)，有的研究没有明确区分动机和影响因素的区别，有的仅是基于 Bansal & Roth(2000)提出的动机进行研究，缺乏进一步详细的剖析，比如从主动和被动视角分析合法性动机。同时，尽管 Bansal & Roth(2000)的框架已被部分学者接受，但关于该框架的经验证据仍非常有限，其普遍性尚未得到进一步的检验。第二，尽管有大量研究基于波特假说来研究绿色创新是否能为企业带来效益，但仍存在不少分歧。不少研究认为企业可以从绿色创新中受益(Porter & van der Linde，1995；Hojnik & Ruzzier，2016；解学梅，等，2020；Rodríguez-González et al.，2022)，还有些学者持相反的观点或者认为绿色创新与企业经济绩效之间的关系不能一概而论(Wong et al.，2012 ；Soltmann et al.，2015；Duque-Grisales et al.，

2020)。同时，现有研究缺乏对企业绿色创新所产生的不同层面的结果进行研究，比如很少有研究探讨绿色创新对企业声誉的影响。第三，企业绿色创新的动机和结果可能还会受到不同情境因素的影响，比如环境法规等在企业绿色创新动机转化和绩效反馈中可能会产生一定的影响。然而，大部分研究仅从控制变量的角度对这些因素进行了简要分析，缺乏对这些情境因素系统的针对性分析。因此，本书依托现有研究，从理论分析和实证检验两方面探讨了企业绿色创新的动机与结果，以及情境因素在其中的影响。

7.1.1 理论层面

第一，为更全面地剖析企业绿色创新的动机，本书对 Bansal & Roth(2000)提出的生态响应模型进行了细化和扩展，构建了中国企业绿色创新动机理论模型来剖析企业开展绿色创新活动的动机，完善了企业绿色创新动机的研究。本书依托中国企业制度背景，提出合法性动机、经济动机、生态责任动机和政治动机是四个主要动机。在此基础上，进一步细化了合法性动机、经济动机和政治动机，将合法性动机分为被动防御型的适应合法性动机和主动型的战略合法性动机，将经济动机细分为竞争力动机和寻利动机，同时，根据国有企业和民营企业的制度背景差异，将政治动机分为国有企业的政治晋升动机和民营企业的政治关联动机。

第二，在企业绿色创新动机理论模型基础上，扩展了企业绿色创新的结果研究，探讨了企业绿色创新行为在不同层面上的结果表现。结合已有的研究，本书认为企业绿色创新行为的结果是多元的。据此，本书重点围绕企业的经济绩效和声誉两方面来具体探讨企业绿色创新行为的结果表现，其中，从盈利能力和成长性两个维度对经济绩效进行细化分析。在上述研究的基础上，本书最终构建了一个综合的理论分析框架，其中包含企业绿色创新的动机、行为和结果，这三点形成了企业绿色创新“动机-行为-结果”的逻辑路径(见图 7-1)，其中，动机代表了绿色创新行为的出发点，结果则代表了绿色创新行为的反馈，而且结果的好坏可以反映企业采取绿色创新行为的有效性，也能进一步从侧面反映绿色创新动机的存在性。

第三，通过分析企业层面因素(生命周期、内部激励和企业规模)和外部环境因素(环境法规、污染程度、地域差异)在企业绿色创新动机转化和结果反馈中的作用，深化了企业绿色创新的研究。

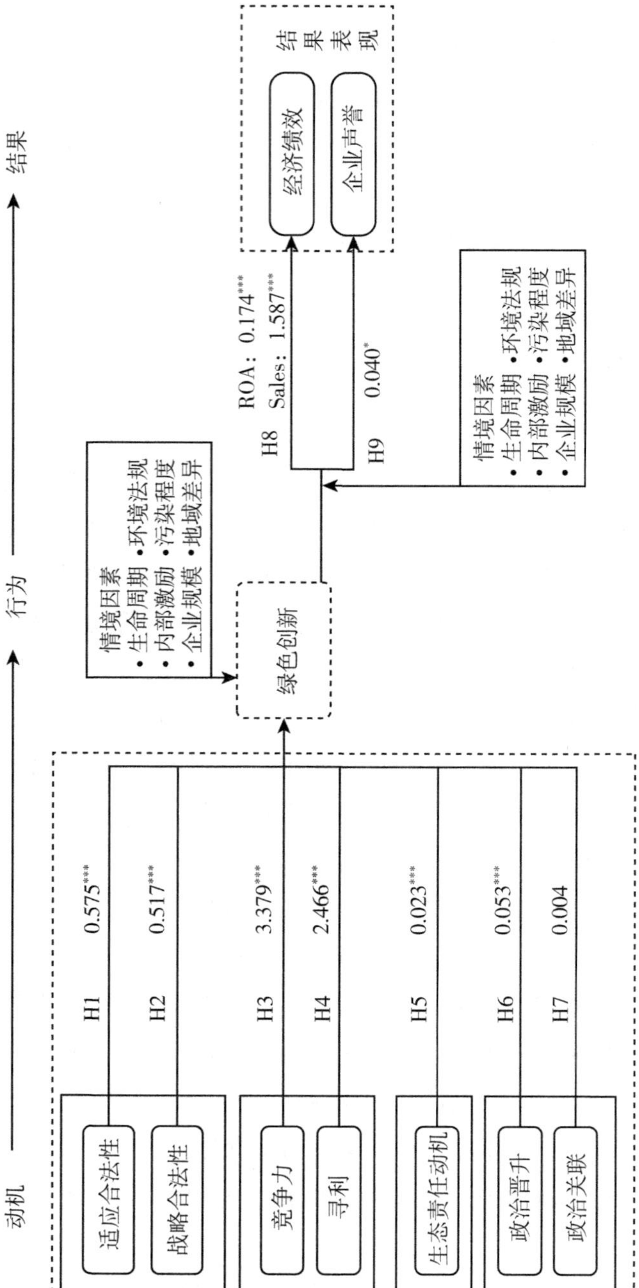

图7-1　企业绿色创新“动机—行为—结果”的理论分析框架

7.1.2 实证层面

基于我国上市制造业企业2010—2018年的数据，本书通过采用Tobit模型和固定效应模型识别了企业绿色创新的动机，检验了企业绿色创新对企业经济绩效和声誉方面的效果以及情境因素在其中的影响(见图7-1)，具体得出如下结论：

第一，绿色创新动机在我国企业中的存在性。实证检验发现合法性动机、经济动机、生态责任动机和政治动机是我国企业绿色创新的主要动机，企业的动机越强，越倾向于采取绿色创新行为。其中，合法性动机包含了被动的适应合法性动机和主动的战略合法性动机，经济动机包含了竞争力动机和寻利动机。另外，针对我国企业的特殊制度背景，本书发现国有企业的绿色创新还存在明显的政治晋升动机，而民营企业的政治关联动机并不显著存在。综上所述，本书基本验证了我国企业绿色创新动机的理论模型。

第二，企业绿色创新的结果表现。实证检验发现企业的绿色创新行为在经济绩效和声誉方面有良好的效果。在经济绩效方面，本书主要检验企业绿色创新对代表盈利能力的资本报酬率和代表成长性的销售收入增长率的影响，并发现存在显著的正向影响。在声誉方面，企业绿色创新对声誉的提升作用的结论并不是很稳健。相比之下，企业绿色创新对经济绩效的提升作用比声誉的提升作用更为直接和显著。因此，企业绿色创新带来的良好表现既肯定了绿色创新行为的有效的，也进一步从侧面验证了本书提出的绿色创新动机理论模型。

第三，企业绿色创新动机转化和结果表现在不同情境条件下的差异性。实证发现在生命周期、内部激励、企业规模、环境法规、污染程度和地域差异六种不同的情境下，企业的绿色创新动机与绿色创新的结果表现存在不同程度的差异。而且绿色创新的动机并非总是能同时诱发企业不同类型的绿色创新，而是在不同情境条件下具有一定的偏向性，这种偏向性也存在于绿色创新的结果表现中。

企业绿色创新动机转化在不同情境条件下的差异：(1)企业绿色创新的动机与企业生命周期密切相关，随着企业处于不同的生命周期阶段，企业的各类绿色创新动机呈现出不同的强弱程度，创新的难度也随之有所调整。处于初创期的企业具有显著的适应合法性动机和生态责任动机，处于成长期和成熟期的企业具有适应合法性动机、战略合法性动机、竞争力动机、寻利动机、生态责任动机和政治晋升动机。当企业发展至衰退阶段，仅适应合法性动机、战略合法性动机和竞争力动机能显著促进企业进行绿色创新。(2)内部激励强化了企业的适应合法性动机和寻利动机对绿色创新的促进作用，弱化了企业战略合法性动机的影响，对其他绿色创新动机的转化则无显著影响。(3)不同规模的企业的绿色创新动机差异主要体现在战略合法性动机、寻利动机、生态责任动机和国有企业的政治晋升动机，这些动机在大型企业中显著存在。(4)严格的新《环保法》强化了战略合法性动机向绿色创新行为的转化，弱化了生态责任动机。(5)高污染程度弱化了企业的适应合法性动机，转而可能强化企业的战略合法性动机，同时，相比于低污染程度的企业，高污染程度的企业具有更强的竞争力动机和更弱的生态责任动机。(6)企业绿色创新动机呈现明显的地区差异，由于东部地区经济发展的天然优势，东部地区的绿色创新动机普遍较强，其他地区尤其是东北地区的绿色创新动机普遍较弱。

企业绿色创新行为的结果表现在不同情境条件下的差异：(1)不同生命周期下的企业绿色创新的结果差异主要体现在声誉方面，绿色创新能够显著促进处于成长期企业的声誉。(2)内部激励强化了绿色创新对销售收入增长率的促进作用。(3)不同规模的企业的绿色创新基本都能有效提升企业的经济绩效。除小规模企业外，企业的绿色创新行为都能显著促进企业的声誉。(4)严格的新《环保法》虽然在企业绿色创新行为与结果表现之间无显著影响，但负向的系数一定程度上说明了严格的环境法规会抑制企业绿色创新在企业的资本报酬率和声誉方面的促进作用。(5)污染程度的差异并不会显著影响企业绿色创新在经济绩效和声誉方面的表现。(6)在地域差异之下，企业的绿色创新行为对资本报酬率和销售收入增长率的促进作用在东部地区较为明显，对声誉的促进作用则在西部地区较明显。

7.2 研究启示

7.2.1 政府层面

第一，政府应重视并有效借助环境规制对企业绿色创新的推动作用。本书研究表明寻利动机对绿色创新的促进作用说明了政府目前可以适当加大对绿色创新的补助，从正面进一步激励企业开展绿色创新。第二，战略合法性动机和适应合法性动机的存在以及环境法规对二者的调节作用表明政府可以适当地加大对环境污染行为的惩罚力度，从而倒逼企业从被动适应合法性向主动寻求合法性转变。第三，在上述基础上，政府还应避免一味地加大污染惩罚力度或绿色创新奖补力度，而是应根据不同的情况对政策进行及时的调整、更新与创新，比如除了强制的法律法规和市场型的补贴激励之外，政府还可以建立企业环境信用制度，为致力于环境保护的企业进行背书，从而有助于加强企业向社会传达其“亲环境”的行动，进而有助于增强企业开展绿色创新活动的积极性。第四，建立对点帮扶机制。对于不同规模的企业，政府可以鼓励大规模企业对点帮扶小规模企业进行绿色创新相关行为决策。根据地域差异，政府可以鼓励东部地区的企业对点帮扶其他地区尤其是东北地区的企业进行绿色创新。第五，政府应以服务为导向，通过建立并完善鼓励新兴产业、淘汰落后产能、优化产业结构、完善基础设施和知识产权保护等方面的配套政策，形成企业绿色创新的推进机制，为企业绿色创新的各方面提供良好的要素支撑和制度保障。第六，建立绿色创新技术信息平台，一方面推动企业的环境行动的透明化，减少企业与利益相关者之间的信息不对称，促进企业与利益相关者之间的交流合作；另一方面推进产学研之间的信息沟通，加快企业绿色创新相关要素的集聚。

7.2.2 企业层面

第一，企业应高度重视绿色创新对企业可持续发展的重要性，认清绿色创新在改善自然环境的同时能够有助于提升企业的盈利能力和声誉，而不是单纯的成本负担。对此，企业应注重树立环境保护理念，同时加强对企业管理者和员工的环保培训，形成良好的新型企业文化。第二，随着社会公众对环保的重视加深，新的细分市场逐步出现，以环保为主的绿色创新是大势所趋，企业应注重从被动适应日趋严格的环境政策而进行绿色创新向积极主动开展绿色创新转变，将企业绿色创新提升至战略发展地位，抢占更多的创新空间，从而在创新中寻求更多的新发展机会。第三，本书的实证结果显示两种绿色创新类型(绿色发明专利和绿色实用新型专利)都能对企业的经济绩效有提升作用，但是仅难度较高的绿色发明创新才能显著提升企业的声誉。因此，根据两种绿色创新的难度、资源投入以及产生效果的不同，企业可以根据自身实力和发展需要，选取合适的绿色创新行为。第四，高质量的创新有利于建立技术壁垒，形成可持续的竞争力，因此，从长远发展来看，企业应确保不同绿色创新类型之间的平衡，注重提升自身的绿色创新能力以确保绿色创新质量，而不是唯数量至上进行"浮于表面"的象征性创新。第五，由于绿色创新的高难度、高风险性，企业可以积极主动寻求产学研合作，注重合作伙伴的选择，确保伙伴间的资源互补性、知识互补性等，从而高标准、高效率地实现合作共赢。

7.3　不足与展望

本书虽然具有一定的研究意义，但是仍有不足之处有待进一步改善，主要有以下三个方面。

(1)数据限制。一方面，动机作为企业采取绿色创新的直接原因，其本质上具有一定的主观性，而本书采用代理指标来衡量各类动机，测量方式相对间接，可能无法完全体现企业在绿色创新方面的动机。未来可以尝试以问卷调查或访谈的形式来获取绿色创新动机方面较为直观的信息，从而多方面地来衡量企业绿色创新的动机。另一方面，企业绩效不仅仅局限于经济绩效，还包括环境绩效和社会绩效等，由于数据获取的限制，本书并未考虑绿色创新在环境绩效和社会绩效方面的表现，未来可以进一步探讨绿色创新在这些方面的影响。

(2)尽管本书构建了企业绿色创新的动机理论模型，但模型内部尚有问题需进一步探讨。比如，关于企业绿色创新动机的互动研究，企业绿色创新的动机之间是否存在排斥或协同的关系，多重动机是否会比单一的动机更有利于刺激企业开展绿色创新活动等。

(3)本书虽然在实证部分处理了一部分的内生性问题，但是寻找合适的工具变量仍是本书面临的难题，在后续的研究中需要进一步尝试寻找合适的工具变量或采取其他合适的方式来控制实证检验中的内生性问题，以使结果更有说服力。

参考文献

中文文献

[1]曹洪军，陈泽文．2017. 内外环境对企业绿色创新战略的驱动效应——高管环保意识的调节作用[J]. 南开管理评论，20(06)：95-103.

[2]曹伟，杨德明，赵璨．2016. 政治晋升预期与高管腐败——来自国有上市公司的经验证据[J]. 经济学动态，(02)：59-77.

[3]徐现祥，王贤彬．2010. 晋升激励与经济增长：来自中国省级官员的证据[J]. 世界经济，(02)：15-36.

[4]唐贵瑶，陈琳，袁硕．2019. 道德型领导对企业声誉的影响：一个有调节的中介模型[J]. 管理评论，31(12)：170-180.

[5]陈晨．2019. 环境规制对企业绿色创新及绩效的影响研究[D]. 辽宁大学.

[6]陈红，张玉，刘东霞．2019. 政府补助、税收优惠与企业创新绩效——不同生命周期阶段的实证研究[J]. 南开管理评论，22(03)：187-200.

[7]陈华斌．1999. 试论绿色创新及其激励机制[J]. 软科学，(03)：43-44.

[8]陈力田，朱亚丽，郭磊．2018. 多重制度压力下企业绿色创新响应行为动因研究[J]. 管理学报，15(05)：710-717.

[9]陈效林，施建军．2012. 企业环保响应：基于利益相关者视角[J]. 现代管理科学，(12)：3-6.

[10]陈扬，许晓明，谭凌波．2012. 组织制度理论中的“合法性”研究述评[J]. 华东经济管理，26(10)：137-142.

[11]陈泽文，曹洪军．2019. 绿色创新战略如何提升企业绩效——绿色形象和核心能力的中介作用[J]. 华东经济管理，33(02)：34-43.

[12]程宣启，朱军生．2015. 市场竞争对企业绿色创新影响的实证研究[J]. 科技与经济，28(02)：21-25.

[13]崔广慧，姜英兵．2019. 环境规制对企业环境治理行为的影响——基于新《环保法》的准自然实验[J]. 经济管理，41(10)：54-72.

[14]戴鸿轶，柳卸林．2009. 对环境创新研究的一些评论[J]. 科学学研究，27(11)：1601-1610.

[15]党力，杨瑞龙，杨继东．2015. 反腐败与企业创新：基于政治关联的解释[J]. 中国工业经济，(07)：146-160.

[16]邓建平，曾勇．2009. 政治关联能改善民营企业的经营绩效吗[J]. 中国工业经济，(02)：98-108.

[17]项益鸣，鲁婕．2019. 企业社会责任的内生动机与管理体系构建 ——以西子联合控股有限公司为例[J]. 西安电子科技大学学报：社会科学版，29(01)：7.

[18]高丙中．2000. 社会团体的合法性问题[J]. 中国社会科学，(02)：100-109.

[19]高勇强，陈亚静，张云均．2012. “红领巾”还是“绿领巾”：民营企业慈善捐赠动机研究[J]. 管理世界，(08)：106-114.

[20]关洪军，赵爱武，杜建国．2017. 企业绿色技术创新行为研究[M]. 北京：财经科学出版社.

[21]郭玥．2018. 政府创新补助的信号传递机制与企业创新[J]. 中国工业经济，(09)：98-116.

[22]胡晓光．2018. 国企高管政治晋升对企业过度投资的影响研究[D]. 辽宁大学.

[23]黄晓杏，胡振鹏，傅春，等．2015. 绿色创新战略对企业绩效的影响机理——基于绿色动态能力的中介效应[J]. 科技进步与对策，32(17)：104-109.

[24]江旭，沈奥．2018. 未吸收冗余、绿色管理实践与企业绩效的关系研究[J]. 管理学报，15(04)：539-547.

[25]姜雨峰，田虹．2014. 绿色创新中介作用下的企业环境责任、企业环境伦理对竞争优势的影响[J]. 管理学报，11(08)：1191-1198.

[26]金碚．2001. 论企业竞争力的性质[J]. 中国工业经济，(10)：5-10.

[27] 黎文靖，郑曼妮．2016. 实质性创新还是策略性创新？——宏观产业政策对微观企业创新的影响[J]. 经济研究，51(04)：60-73.

[28]李大元，宋杰，陈丽，等．2018. 舆论压力能促进企业绿色创新吗？[J]. 研究与发展管理，30(06)：23-33.

[29]李恩极，李群．2020. 官员任期、标尺竞争与地方政府科技支出——基于地级市数据和两区制空间杜宾模型的新证据[J]. 研究与发展管理，32(06)：114-125.

[30]李海萍，向刚，高忠仕等．2005. 中国制造业绿色创新的环境效益向企业经济效益转换的制度条件初探[J]. 科研管理，(02)：46-49.

[31]李杰，陈子钰．2020. 制度优势转化：政治关联与企业绿色创新[J]. 财经科学，(09)：108-120.

[32]李杰义，张汞，谢琳娜．2019. 环境知识学习、绿色创新行为与环境绩效[J]. 科技进步与对策，36(15)：122-128.

[33]李巧华，唐明凤．2014. 企业绿色创新：市场导向抑或政策导向[J]. 财经科学，(02)：70-78.

[34]李青原，肖泽华．2020. 异质性环境规制工具与企业绿色创新激励——来自上市企业绿色专利的证据[J]. 经济研究，55(09)：192-208.

[35]李婉红．2015. 排污费制度驱动绿色技术创新的空间计量检验——以 29 个省域制造业为例[J]. 科研管理，36(06)：1-9.

[36]李维安，孙林．2017. 同乡关系在晋升中会起作用吗？——基于省属国有企业负责人的实证检验[J]. 财经研究，43(01)：17-28.

[37]李文茜，刘益．2017. 技术创新、企业社会责任与企业竞争力——基于上市公司数据的实证分析[J]. 科学学与科学技术管理，38(01)：154-165.

[38]李溪，郑馨，张建琦．2018. 制造企业的业绩困境会促进创新吗——基于期望落差维度拓展的分析[J]. 中国工业经济，(08)：174-192.

[39]李旭．2015. 绿色创新相关研究的梳理与展望[J]. 研究与发展管理，27

(02): 1-11.
[40]李雪灵，马文杰，刘钊，等. 2011. 合法性视角下的创业导向与企业成长：基于中国新企业的实证检验[J]. 中国工业经济，(08): 99-108.
[41]李怡娜，叶飞. 2011. 制度压力、绿色环保创新实践与企业绩效关系——基于新制度主义理论和生态现代化理论视角[J]. 科学学研究，29(12): 1884-1894.
[42]李忆，傅晓，刘小平. 2015. 企业双元创新研究[M]. 北京：科学出版社.
[43]林崇德，杨治良，黄希庭. 2003. 心理学大辞典[M]. 上海：上海教育出版社.
[44]刘光富，郭凌军. 2019. 环境规制、环境责任与绿色创新关系实证研究——一个调节的中介模型[J]. 科学管理研究，37(04): 2-6.
[45]刘明广. 2021. 绿色创新与企业绩效关系的元分析[J]. 技术与创新管理，42(05): 498-503.
[46]刘青松，肖星. 2015. 败也业绩，成也业绩？——国企高管变更的实证研究[J]. 管理世界，(03): 151-163.
[47]刘艳博，耿修林. 2021. 环境不确定下的营销投入、企业社会责任与企业声誉的关系研究[J]. 管理评论，33(10): 159-170.
[48]卢馨，何雨晴，吴婷. 2016. 国企高管政治晋升激励是长久之计吗？[J]. 经济管理，38(07): 94-106.
[49]罗明新，马钦海，胡彦斌. 2013. 政治关联与企业技术创新绩效——研发投资的中介作用研究[J]. 科学学研究，31(06): 938-947.
[50]梅晓红，葛扬，朱晓宁. 2020. 环境合法性压力对企业碳信息披露的影响机制研究[J]. 软科学，34(08): 78-83.
[51]孟晓俊，肖作平，曲佳莉. 2010. 企业社会责任信息披露与资本成本的互动关系——基于信息不对称视角的一个分析框架[J]. 会计研究，(09): 25-29.
[52]倪娟. 2018. 政治关联对民营企业环保投资的影响研究[D]. 中南财经政法大学.
[53]潘楚林. 2017. 前瞻型环境战略对企业可持续竞争优势的影响研究[D]. 吉林大学.

[54]潘红波，夏新平，余明桂．2008. 政府干预、政治关联与地方国有企业并购[J]. 经济研究，(04)：41-52.

[55]彭雪蓉，刘洋，赵立龙．2014. 企业生态创新的研究脉络、内涵澄清与测量[J]. 生态学报，34(22)：6440-6449.

[56]齐绍洲，林屾，崔静波．2018. 环境权益交易市场能否诱发绿色创新？——基于我国上市公司绿色专利数据的证据[J]. 经济研究，53(12)：129-143.

[57]钱爱民，朱大鹏．2017. 企业财务状况质量与社会责任动机：基于信号传递理论的分析[J]. 财务研究，(03)：3-13.

[58]任天龙．2018. 国有控股上市公司高管政治晋升激励效应研究[D]. 山东大学.

[59]沈宇峰，徐晓东．2019. 制度环境、政治关联与企业环保投资——来自A股上市公司的经验证据[J]. 系统管理学报，28(03)：415-428.

[60]宋德舜．2004. 国有控股、最高决策者激励与公司绩效[J]. 中国工业经济，(03)：91-98.

[61]宋铁波，曾萍．2011. 多重制度压力与企业合法性倾向选择：一个理论模型[J]. 软科学，25(04)：112-116.

[62]宋献中，刘浪，郭枫晚．2019. 企业碳减排措施选择及动因研究——以碳排放权交易试点A电力企业为例[J]. 财会月刊，(01)：141-150.

[63]宋增基，张国杰，郭桂玺．2013. 民营上市公司高管政治激励与绩效关系研究[J]. 审计与经济研究，28(01)：95-103.

[64]孙丽文，任相伟，李翼凡．2019. 战略柔性、绿色创新与企业绩效——动态环境规制下的交互和调节效应模型[J]. 科技进步与对策，36(22)：82-91.

[65]唐松，孙铮．2014. 政治关联、高管薪酬与企业未来经营绩效[J]. 管理世界，(05)：93-105.

[66]田虹，潘楚林．2015. 企业环境伦理对绿色创新绩效的影响研究[J]. 西安交通大学学报(社会科学版)，35(03)：32-39.

[67]田利辉，张伟．2013. 政治关联影响我国上市公司长期绩效的三大效应[J]. 经济研究，48(11)：71-86.

[68]王曾，符国群，黄丹阳，等．2014. 国有企业CEO“政治晋升”与“在职消费”

关系研究[J]. 管理世界, (05): 157-171.

[69]王娟茹, 刘娟. 2020. 双元性绿色创新对我国制造企业竞争优势的影响: 技术动荡性的调节作用[J]. 科技管理研究, 40(09): 196-204.

[70]王军会. 2019. 企业环境信息披露: 动机与影响因素[M]. 北京: 中国社会科学出版社.

[71]王森. 2019. 基于制度压力的重污染企业环境战略选择及演化研究[D]. 对外经济贸易大学.

[72]王晓祺, 郝双光, 张俊民. 2020. 新《环保法》与企业绿色创新: "倒逼"抑或"挤出"? [J]. 中国人口·资源与环境, 30(07): 107-117.

[73]王馨, 王营. 2021. 绿色信贷政策增进绿色创新研究[J]. 管理世界, 37(06): 173-188.

[74]王旭, 褚旭, 王非. 2018. 绿色技术创新与企业融资契约最优动态配置——基于高科技制造业上市公司面板数据的实证研究[J]. 研究与发展管理, 30(06): 12-22.

[75]王旭, 褚旭. 2021. 制造业企业绿色技术创新的同群效应研究: 基于多层次情境的参照作用[J]. 南开管理评论: 1-24.

[76]王旭, 王兰. 2020. 难辞其咎的大股东: 绿色创新导向下政府补贴对绿色创新驱动乏力的新解释[J]. 研究与发展管理, 32(02): 24-36.

[77]王旭, 杨有德, 王兰. 2020. 信息披露视角下政府补贴对绿色创新的影响: 从"无的放矢"到"对症下药"[J]. 科技进步与对策, 37(15): 135-143.

[78]王燕妮, 宋婷. 2013. 高管团队异质性对 R&D 投入与企业绩效调节效应研究[J]. 现代财经(天津财经大学学报), 33(09): 109-118.

[79]王珍愚, 曹瑜, 林善浪. 2021. 环境规制对企业绿色技术创新的影响特征与异质性——基于中国上市公司绿色专利数据[J]. 科学学研究, 39(05): 909-919.

[80]邬爱其, 金宝敏. 2008. 个人地位、企业发展、社会责任与制度风险: 中国民营企业家政治参与动机的研究[J]. 中国工业经济, (07): 141-150.

[81]吴丽君. 2019. 高管政治激励、社会责任表现与企业双元创新行为研究[D]. 中国矿业大学.

[82]吴先明，张楠，赵奇伟．2017．工资扭曲、种群密度与企业成长：基于企业生命周期的动态分析[J]．中国工业经济，(10)：137-155.

[83]解学梅，霍佳阁，王宏伟．2019．绿色工艺创新与制造业行业财务绩效关系研究[J]．科研管理，40(03)：63-73.

[84]解学梅，王若怡，霍佳阁．2020．政府财政激励下的绿色工艺创新与企业绩效：基于内容分析法的实证研究[J]．管理评论，32(05)：109-124.

[85]解学梅，朱琪玮．2021b．合规性与战略性绿色创新对企业绿色形象影响机制研究：基于最优区分理论视角[J]．研究与发展管理，33(04)：2-14.

[86]解学梅，朱琪玮．2021a．企业绿色创新实践如何破解"和谐共生"难题？[J]．管理世界，37(01)：128-149.

[87]熊家财，桂荷发．2020．政治关联与企业创新：来自 PSM 的证据[J]．科研管理，41(07)：11-19.

[88]徐建中，贯君，林艳．2016．互补性资产视角下绿色创新与企业绩效关系研究——战略柔性和组织冗余的调节作用[J]．科技进步与对策，33(20)：76-82.

[89]徐建中，贯君，林艳．2017．制度压力、高管环保意识与企业绿色创新实践——基于新制度主义理论和高阶理论视角[J]．管理评论，29(09)：72-83.

[90]徐细雄．2012．晋升与薪酬的治理效应：产权性质的影响[J]．经济科学，(02)：102-116.

[91]徐欣，唐清泉．2012．专利竞争优势与加速化陷阱现象的实证研究——基于中国上市公司专利与盈余关系的考察[J]．科研管理，33(06)：83-91.

[92]徐业坤，梁亮．2021．高管政治晋升激励影响会计信息质量吗？——来自国有上市公司的经验证据[J]．中央财经大学学报，(06)：64-76.

[93]许秀梅．2015．技术资本与企业价值——基于人力资本与行业特征的双重调节[J]．科学学与科学技术管理，36(08)：150-159.

[94]杨东宁，周长辉．2004．企业环境绩效与经济绩效的动态关系模型[J]．中国工业经济，(04)：43-50.

[95]杨发明，许瑞庆．1998．企业绿色技术创新研究[J]．中国软科学，(03)：

47-51.

[96]杨静，刘秋华，施建军．2015a. 企业绿色创新战略的价值研究[J]. 科研管理，36(01)：18-25.

[97]杨静，施建军，刘秋华．2015b. 学习理论视角下的企业生态创新与绩效关系研究[J]. 管理学报，12(06)：865-872.

[98]杨瑞龙，王元，聂辉华．2013. “准官员”的晋升机制：来自中国央企的证据[J]. 管理世界，(03)：23-33.

[99]杨栩，廖姗，张平．2020. 生态创新、利益相关者关系嵌入性与新创企业合法性关系研究[J]. 管理评论，32(09)：107-117.

[100]杨艳，邓乐，陈收．2014. 企业生命周期、政治关联与并购策略[J]. 管理评论，26(10)：152-159.

[101]于飞，刘明霞，王凌峰，等．2019. 知识耦合对制造企业绿色创新的影响机理——冗余资源的调节作用[J]. 南开管理评论，22(03)：54-65.

[102]于飞，苏彩云，陆文．2020. 绿色创新对企业利益相关者支持的影响——基于中国上市公司面板数据[J]. 科技管理研究，40(15)：252-258.

[103]于飞，苏彩云．2020. 环境规制、行业竞争与企业绿色创新关系研究[J]. 价格理论与实践，(07)：166-169.

[104]于飞，肖成，张明伟，等．2021. 制造企业绿色创新对政府支持的影响机制——合法性的中介作用[J]. 科技进步与对策，38(09)：90-99.

[105]于海云，赵增耀，李晓钟，等．2015. 创新动机对民营企业创新绩效的作用及机制研究：自我决定理论的调节中介模型[J]. 预测，34(02)：7-13.

[106]于建平．2018. 空气污染、绿色投资与重污染企业绿色创新[D]. 西南大学.

[107]袁建国，后青松，程晨．2015. 企业政治资源的诅咒效应——基于政治关联与企业技术创新的考察[J]. 管理世界，(01)：139-155.

[108]詹浩澜，张昕颖．2021. 管理防御、政治晋升与企业技术创新[J]. 统计与管理，36(03)：76-81.

[109]张钢，张小军．2014. 企业绿色创新战略的驱动因素：多案例比较研究[J]. 浙江大学学报(人文社会科学版)，44(01)：113-124.

[110]张宏，聂嘉仪．2021. 绿色发展视域下政府环境规制对企业绿色创新的影响——企业环境责任的中介作用[J]. 科技与经济，34(02)：36-40.

[111]张宏亮，王靖宇．2017. 晋升激励与国有企业异常捐赠[J]. 财经科学，(04)：77-88.

[112]张建涛．2018. 冗余资源、双元创新对企业绩效的影响研究[D]. 辽宁大学.

[113]张良．2014. 投资者对企业社会责任行为的反应研究[D]. 哈尔滨工业大学.

[114]张台秋，杨静，施建军．2012. 绿色战略动因与权变因素研究——基于转型经济情境[J]. 生态经济，(06)：28-33.

[115]张小军．2012. 企业绿色创新战略的驱动因素及绩效影响研究[D]. 浙江大学.

[116]张兆国，常依，曹丹婷，等．2020. 高管任期、企业技术创新与环境绩效实证研究——以新环保法施行为事件窗口[J]. 科技进步与对策，37(12)：73-81.

[117]张兆国，刘亚伟，杨清香．2014. 管理者任期、晋升激励与研发投资研究[J]. 会计研究，(09)：81-88.

[118]赵治威．2020. VR/AR 领域新兴技术初创企业合法性获取策略对比研究[D]. 电子科技大学.

[119]郑志刚，李东旭，许荣，等．2012. 国企高管的政治晋升与形象工程——基于 N 省 A 公司的案例研究[J]. 管理世界，(10)：146-156.

[120]周黎安．2007. 中国地方官员的晋升锦标赛模式研究[J]. 经济研究，(07)：36-50.

[121]周铭山，张倩倩．2016. “面子工程”还是“真才实干”？——基于政治晋升激励下的国有企业创新研究[J]. 管理世界，(12)：116-132.

[122]周煊，程立茹，王皓．2012. 技术创新水平越高企业财务绩效越好吗？——基于 16 年中国制药上市公司专利申请数据的实证研究[J]. 金融研究，(08)：166-179.

[123]宗计川，吕源，唐方方．2014. 环境态度、支付意愿与产品环境溢价——实验室研究证据[J]. 南开管理评论，17(02)：153-160.

英文文献

[1]Abbas J, Sagsan M. 2019. Impact of knowledge management practices on green innovation and corporate sustainable development: a structural analysis[J]. Journal of Cleaner Production, 229:611-620.

[2]Aboelmaged M, Hashem G. 2019. Absorptive capacity and green innovation adoption in SMEs: The mediating effects of sustainable organisational capabilities [J]. Journal of Cleaner Production, 220:853-863.

[3]Agan Y, Acar M F, Borodin A. 2013. Drivers of environmental processes and their impact on performance: a study of Turkish SMEs [J]. Journal of Cleaner Production, 51:23-33.

[4]Aghion P, Harris C, Vickers J. 1997. Competition and growth with step-by-step innovation: An example[J]. European Economic Review, 41:771-782.

[5]Aguilera-Caracuel J, Ortiz-de-Mandojana N. 2013. Green Innovation and Financial Performance[J]. Organization & Environment, 26(4):365-385.

[6]Ahmed N U, Montagno R V, Firenze R J. 1998. Organizational performance and environmental consciousness: an empirical study[J]. Management Decision, 36(2):57-62.

[7]Aigner D J, Lloret A. 2013. Sustainability and competitiveness in Mexico[J]. Management Research Review, 36(12):1252-1271.

[8]Albort-Morant G, Leal-Millán A, Cepeda-Carrión G. 2016. The antecedents of green innovation performance: A model of learning and capabilities[J]. Journal of Business Research, 69(11):4912-4917.

[9]Allet M. 2014. Why Do Microfinance Institutions Go Green? An Exploratory Study [J]. Journal of Business Ethics, 122(3):405-424.

[10]Ambec S, Lanoie P. 2008. Does it pay to be green? A systematic overview[J]. Academy of Management Perspectives, 22:45-62.

[11]Amore M D, Bennedsen M. 2016. Corporate governance and green innovation[J].

Journal of Environmental Economics and Management, 75:54-72.

[12] Angelo F D, Jabbour C J C, Vasconcellos S, et al. 2012. Environmental innovation: in search of a meaning [J]. World Journal of Entrepreneurship, Management and Sustainable, 8(2):113-121.

[13] Anthony J H, Ramesh K. 1992. Association between accounting performance measures and stock prices [J]. Journal of Accounting and Economics, 15:203-227.

[14] Apak S, Atay E. 2015. Global Competitiveness in the EU Through Green Innovation Technologies and Knowledge Production [J]. Procedia-Social and Behavioral Sciences, 181:207-217.

[15] Ar I M. 2012. The Impact of Green Product Innovation on Firm Performance and Competitive Capability: The Moderating Role of Managerial Environmental Concern[J]. Procedia-Social and Behavioral Sciences, 62:854-864.

[16] Aragón-Correa J A. 1998. Strategic Proactivity and Firm Approach to the Natural Environment [J]. Academy of Management Journal, 41(5):556-567.

[17] Arrow K. 1962. Economic Welfare and the Allocation of Resources for Invention[A]. In: The Rate and Direction of Inventive Activity: Economic and Social Factors [M]. Princeton University Press:609-626.

[18] Babiak K, Trendafilova S. 2011. CSR and environmental responsibility: motives and pressures to adopt green management practices [J]. Corporate Social Responsibility and Environmental Management, 18(1):11-24.

[19] Bae H. 2014. Voluntary Disclosure of Environmental Performance [J]. The American Review of Public Administration, 44(4):459-476.

[20] Bai X, Chang J. 2015. Corporate social responsibility and firm performance: The mediating role of marketing competence and the moderating role of market environment[J]. Asia Pacific Journal of Management, 32(2):505-530.

[21] Bai Y, Song S, Jiao J, et al. 2019. The impacts of government R&D subsidies on green innovation: Evidence from Chinese energy-intensive firms [J]. Journal of Cleaner Production, 233:819-829.

[22]Bansal P, Clelland I. 2004. Talking trash: Legitimacy, impression management, and unsystematic risk in the context of the natural environment[J]. Academy of Management, 47(1):90-103.

[23]Bansal P, Roth K. 2000. Why Companies Go Green: A Model of Ecological Responsiveness[J]. Academy of Management Journal, 43(4):717-736.

[24]Bansal P. 2005. Evolving Sustainably: A Longitudinal Study of Corporate Sustainable Development [J]. Strategic Management Journal, 26(3):197-218.

[25]Barker V L, Mueller G C. 2002. CEO Characteristics and Firm R&D Spending[J]. Management Science, 48(6):782-801.

[26] Barney J B. 1986. Organizational Culture: Can It Be a Source of Sustained Competitive Advantage[J]. Academy of Management Review, 11(3):656-665.

[27]Barney J. 1991. Firm Resources and Sustained Competitive Advantage[J]. Journal of Management, 17(1):99-120.

[28]Barreto I, Baden-Fuller C. 2006. To Conform or To Perform? Mimetic Behaviour, Legitimacy-Based Groups and Performance Consequences [J]. Journal of Management Studies, 43(7):1559-1581.

[29]Beise M, Rennings K. 2005. Lead markets and regulation: a framework for analyzing the international diffusion of environmental innovations[J]. Ecological Economics, 52(1):5-17.

[30]Bennett V M, Pierce L. 2016. Motivation matters: Corporate scope and competition in complementary product markets[J]. Strategic Management Journal, 37(7):1304-1315.

[31]Bernauer T, Engels S, Kammerer D, et al. 2006. Explaining Green Innovation: Ten Years after Porter's Win-Win Proposition: How to Study the Effects of Regulation on Corporate Environmental Innovation? [D]: CIS Working papers.

[32]Berrone P, Fosfuri A, Gelabert L, et al. 2013. Necessity as the mother of 'green' inventions: Institutional pressures and environmental innovations[J]. Strategic Management Journal, 34(8):891-909.

[33] Boeing P. 2016. The allocation and effectiveness of China's R&D subsidies-

Evidence from listed firms[J]. Research Policy, 45(9):1774-1789.

[34] Borsatto J M L S, Amui L B L. 2019. Green innovation: Unfolding the relation with environmental regulations and competitiveness[J]. Resources, Conservation and Recycling, 149:445-454.

[35] Bossle M B, Dutra De Barcellos M, Vieira L M, et al. 2016. The drivers for adoption of eco-innovation[J]. Journal of Cleaner Production, 113:861-872.

[36] Boubakri N, Cosset J, Saffar W. 2008. Political connections of newly privatized firms[J]. Journal of Corporate Finance, 14(5):654-673.

[37] Boutinot A, Mangematin V. 2013. Surfing on institutions: When temporary actors in organizational fields respond to institutional pressures [J]. European Management Journal, 31(6):626-641.

[38] Bowen H R. 1953. Social Responsibilities of the Businessman[M]. New York: Harpor & Row.

[39] Bowman K R, Ethridge D E. 1992. Characteristic Supplies and Demands in a Hedonic Framework: U. S. Market for Cotton Fiber Attributes[J]. American Journal of Agricultural Economics:991-1002.

[40] Brav A, Jiang W, Ma S, et al. 2018. How does hedge fund activism reshape corporate innovation? [J]. Journal of Financial Economics, 130(2):237-264.

[41] Brunnermeier S B, Cohen M A. 2003. Determinants of environmental innovation in US manufacturing industries [J]. Journal of Environmental Economics and Management, 45(2):278-293.

[42] Buchholz R A. 1991. Corporate responsibility and the good society: From economics to ecology[J]. Business horizons, 34(4):19-31.

[43] Bundgaard A M, Mosgaard M A, Remmen A. 2017. From energy efficiency towards resource efficiency within the Ecodesign Directive[J]. Journal of Cleaner Production, 144:358-374.

[44] Cai W, Li G. 2018. The drivers of eco-innovation and its impact on performance: Evidence from China[J]. Journal of Cleaner Production, 176:110-118.

[45] Cañón-de-Francia J, Garcés-Ayerbe C, Ramírez-Alesón M. 2007. Are More

Innovative Firms Less Vulnerable to New Environmental Regulation? [J]. Environmental and Resource Economics, 36(3):295-311.

[46]Cao X, Lemmon M, Pan X, et al. 2019. Political Promotion, CEO Incentives, and the Relationship Between Pay and Performance[J]. Management science, 65(7):2947-2965.

[47] Carroll A B. 1979. A three-dimensional conceptual model of corporate social performance[J]. The Academy of Management review, 4(4):497-504.

[48] Carroll A B. 1991. The pyramid of corporate social responsibility: Toward the moral management of organizational stakeholders[J]. Business horizons, 34(4): 39-48.

[49]Castellacci F, Lie C M. 2017. A taxonomy of green innovators: Empirical evidence from South Korea[J]. Journal of Cleaner Production, 143:1036-1047.

[50]Chang C H, Chen Y S. 2013. Green organizational identity and green innovation [J]. Management Decision, 51(5):1056-1070.

[51]Chang C. 2011. The Influence of Corporate Environmental Ethics on Competitive Advantage: The Mediation Role of Green Innovation [J]. Journal of Business Ethics, 104(3):361-370.

[52] Chang C. 2019. Do green motives influence green product innovation? The mediating role of green value co-creation[J]. Corporate Social Responsibility and Environmental Management, 26(2):330-340.

[53]Chang E C, Wong S M L. 2009. Governance with multiple objectives: Evidence from top executive turnover in China[J]. Journal of Corporate Finance, 15(2): 230-244.

[54]Chelli M, Durocher S, Fortin A. 2018. Normativity in Environmental Reporting: A Comparison of Three Regimes[J]. Journal of Business Ethics, 149(2):285-311.

[55]Chen M. 1996. Competitor Analysis and Interfirm Rivalry: Toward a Theoretical Integration[J]. Academy of Management, 21(1):100-134.

[56]Chen Y S, Chang C H, Wu F S. 2012. Origins of green innovations: the differences between proactive and reactive green innovations [J]. Management

Decision, 50(3):368-398.

[57] Chen Y, Lai S, Wen C. 2006. The Influence of Green Innovation Performance on Corporate Advantage in Taiwan[J]. Journal of Business Ethics, 67(4):331-339.

[58] Chen Y. 2008a. The Driver of Green Innovation and Green Image-Green Core Competence[J]. Journal of Business Ethics, 81(3):531-543.

[59] Chen Y. 2008b. The Positive Effect of Green Intellectual Capital on Competitive Advantages of Firms[J]. Journal of Business Ethics, 77(3):271-286.

[60] Cheng C C J, Yang C, Sheu C. 2014. The link between eco-innovation and business performance: a Taiwanese industry context [J]. Journal of Cleaner Production, 64:81-90.

[61] Chiou T, Chan H K, Lettice F, et al. 2011. The influence of greening the suppliers and green innovation on environmental performance and competitive advantage in Taiwan [J]. Transportation Research Part E: Logistics and Transportation Review, 47(6):822-836.

[62] Chursin A. 2018. Competence management and competitive product development [M]. Springer International Publishing.

[63] Clarkson P M, Overell M B, Chapple L. 2011. Environmental Reporting and its Relation to Corporate Environmental Performance[J]. Abacus, 47(1):27-60.

[64] Cohen W M, Klepper S. 1996. Firm Size and the Nature of Innovation within Industries: The Case of Process and Product R&D [J]. Review of Economics and Statistics, 78(2):232-243.

[65] Colombo M G, Croce A, Guerini M. 2013. The effect of public subsidies on firms' investment-cash flow sensitivity: Transient or persistent? [J]. Research Policy, 42(9):1605-1623.

[66] Conyon M J, He L, Zhou X. 2015. Star CEOs or Political Connections? Evidence from China's Publicly Traded Firms [J]. Journal of Business Finance & Accounting, 42(3-4):412-443.

[67] Cuerva M C, Triguero-Cano Á, Córcoles D. 2014. Drivers of green and non-green innovation: empirical evidence in Low-Tech SMEs [J]. Journal of Cleaner

Production, 68:104-113.

[68] Dai J, Cantor D E, Montabon F L. 2015. How Environmental Management Competitive Pressure Affects a Focal Firm's Environmental Innovation Activities: A Green Supply Chain Perspective[J]. Journal of Business Logistics, 36(3):242-259.

[69] Dai R, Duan R, Ng L. 2020. Do Environmental Regulations Do More Harm Than Good Evidence from Competition and Innovation[D]: ECGI Working paper.

[70] Dangelico R M, Pontrandolfo P. 2013. Being 'Green and Competitive': The Impact of Environmental Actions and Collaborations on Firm Performance[J]. Business Strategy and the Environment, 24(6):413-430.

[71] D'Aveni R A, Dagnino G B, Smith K G. 2010. The age of temporary advantage[J]. Strategic Management Journal, 31(13):1371-1385.

[72] Davis K. 1960. Can business afford to ignore social responsibilities? [J]. California Management Review, 2:70-76.

[73] Deangelo H, Deangelo L, Stulz R. 2006. Dividend policy and the earned/contributed capital mix: a test of the life-cycle theory[J]. Journal of Financial Economics, 81(2):227-254.

[74] Defond M L, Hung M. 2004. Investor Protection and Corporate Governance: Evidence from Worldwide CEO Turnover[J]. Journal of Accounting Research, 42(2):269-312.

[75] Delmas M A, Toffel M W. 2008. Organizational Responses to Environmental Demands: Opening the Black Box[J]. Strategic Management Journal, 29(10):1027-1055.

[76] Deng Y, You D, Wang J. 2019. Optimal strategy for enterprises' green technology innovation from the perspective of political competition[J]. Journal of Cleaner Production, 235:930-942.

[77] Dernis H, Gullec D. 2001. Using patent counts for cross-country comparisons of technology output[J]. STI Review, (27):129-146.

[78] DesJardins J. 1998. Corporate Environmental Responsibility[J]. Journal of

Business Ethics, 17:825-838.

[79] Dickinson V. 2011. Cash Flow Patterns as a Proxy for Firm Life Cycle[J]. The Accounting Review, 86(6):1969-1994.

[80] Dimaggio P J, Powell W W. 1983. The Iron Cage Revisited: Institutional Isomorphism and Collective Rationality in Organizational Fields[J]. American Sociological Review, 48:147-160.

[81] Dong Y, Wang X, Jin J, et al. 2014. Effects of eco-innovation typology on its performance: Empirical evidence from Chinese enterprises[J]. Journal of Engineering and Technology Management, 34:78-98.

[82] Dowling G, Moran P. 2012. Corporate Reputations: Built in or Bolted on? [J]. California Management Review, 54(2):25-42.

[83] Dowling J, Pfeffer J. 1975. Organizational Legitimacy: Social Values and Organizational Behavior[J]. Pacific sociological review, 18(1):122-136.

[84] Driessen P H, Hillebrand B, Kok R A W, et al. 2013. Green New Product Development: The Pivotal Role of Product Greenness[J]. IEEE Transactions on Engineering Management, 60(2):315-326.

[85] Driessen P H, Hillebrand B. 2002. Adoption and diffusion of green innovations [A]. In: Bartels G C, Nelissen W J A. Marketing for Sustainability: Towards Transactional Policy-Making[M]. Amsterdam: IOS Press:343-355.

[86] Duque-Grisales E, Aguilera-Caracuel J, Guerrero-Villegas J, et al. 2020. Does green innovation affect the financial performance of Multilatinas? The moderating role of ISO 14001 and R&D investment[J]. Business Strategy and the Environment, 29(8):3286-3302.

[87] Egri C P, Ralston D A. 2008. Corporate responsibility: A review of international management research from 1998 to 2007[J]. Journal of International Management, 14(4):319-339.

[88] Eiadat Y, Kelly A, Roche F, et al. 2008. Green and competitive? An empirical test of the mediating role of environmental innovation strategy[J]. Journal of World Business, 43(2):131-145.

[89]Enderle G. 2004. Global competition and corporate responsibilities of small and medium-sized enterprises[J]. Business ethics (Oxford, England), 13(1):50-63.

[90]Esty D C, Winston A S. 2006. Green to gold : how smart companies use environmental strategy to innovate, create value, and build competitive advantage [M]. New Haven and London: Yale University Press.

[91]EU Commission. 2003. European Competitiveness Report[R].

[92] Faccio M. 2006. Politically Connected Firms [J]. The American Economic Review, 96(1):369-386.

[93]Fan J, Wong T, Zhang T. 2007. Politically connected CEOs, corporate governance, and Post-IPO performance of China's newly partially privatized firms [J]. Journal of Financial Economics, 84(2):330-357.

[94]Fankhauser S, Bowen A, Calel R, et al. 2013. Who will win the green race? In search of environmental competitiveness and innovation[J]. Global environmental change, 23(5):902-913.

[95]Fei J, Wang Y, Yang Y, et al. 2016. Towards Eco-city: The Role of Green Innovation[J]. Energy Procedia, 104:165-170.

[96]Feurer R, Chaharbaghi K. 1994. Defining Competitiveness: A Holistic Approach [J]. Management Decision, 33(2):49-58.

[97]Finkelstein S, Hambrick D C. 1990. Top-Management-Team Tenure and Organizational Outcomes: The Moderating Role of Managerial Discretion [J]. Administrative Science Quarterly, 35(3):484-503.

[98]Fisman R. 2001. Estimating the Value of Political Connections [J]. American Economic Review, 91(4):1095-1102.

[99]Fombrun C, Shanley M. 1990. What's in a Name Reputation Building and Corporate Strategy[J]. Academy of Management Journal, 33(2):233-258.

[100]Fombrun C. 1996. Reputation: Realising value from the corporate image[M]. Cambridge: Harvard Business School Press.

[101]Gadenne D L, Kennedy J, McKeiver C. 2009. An Empirical Study of Environmental Awareness and Practices in SMEs[J]. Journal of Business Ethics,

84(1):45-63.

[102] Gao Y, Shu C, Jiang X, et al. 2017. Managerial ties and product innovation: The moderating roles of macro- and micro-institutional environments[J]. Long Range Planning, 50(2):168-183.

[103] García-Morales V J, Ruiz-Moreno A, Llorens-Montes F J. 2007. Effects of Technology Absorptive Capacity and Technology Proactivity on Organizational Learning, Innovation and Performance: An Empirical Examination [J]. Technology Analysis & Strategic Management, 19(4):527-558.

[104] Gauthier J, Wooldridge B. 2012. Influences on Sustainable Innovation Adoption: Evidence from Leadership in Energy and Environmental Design[J]. Business Strategy and the Environment, 21:98-110.

[105] Geffen C A, Rothenberg S. 2000. Suppliers and environmental innovation: The automotive paint process[J]. International Journal of Operations & Production Management, 20(2):166-186.

[106] Gilbert R, Newbery D. 1982. Preemptive patenting and the persistence of monopoly[J]. American Economic Review, 72:514-526.

[107] Gilley K M, Worrell D L, EI-Jelly A. 2000. Corporate Environmental Initiatives and Anticipated Firm Performance: The Differential Effects of Process-Driven Versus Product-Driven Greening Initiatives[J]. Journal of Management, 26(6): 1199-1216.

[108] Gluch P, Gustafsson M, Thuvander L. 2009. An absorptive capacity model for green innovation and performance in the construction industry[J]. Construction Management and Economics, 27(5):451-464.

[109] González-Benito J, González-Benito Ó. 2005. Environmental proactivity and business performance: an empirical analysis[J]. Omega, 33(1):1-15.

[110] Grewatsch S, Kleindienst I. 2017. When Does It Pay to be Good? Moderators and Mediators in the Corporate Sustainability-Corporate Financial Performance Relationship: A Critical Review[J]. Journal of Business Ethics, 145(2):383-416.

[111]Griliches Z, Pakes A, Hall B H. 1988. The value of patents as inoicaators of inventive activity[D]: NBER Working papers.

[112]Griliches Z. 1990. Patent Statistics as Economic Indicators: A Survey [J]. Journal of Economic Literature, 28(4):1661-1707.

[113]Guler I, Guillén M F, Macpherson J M. 2002. Global Competition, Institutions, and the Diffusion of Organizational Practices: The International Spread of ISO 9000 Quality Certificates[J]. Administrative Science Quarterly, 47:207-232.

[114]Gunasekaran A, Spalanzani A. 2012. Sustainability of manufacturing and services: Investigations for research and applications[J]. International Journal of Production Economics, 140(1):35-47.

[115]Guo Y, Wang L, Yang Q. 2020. Do corporate environmental ethics influence firms' green practice? The mediating role of green innovation and the moderating role of personal ties[J]. Journal of Cleaner Production, 266:122054.

[116]Hall R. 1993. Strategic Management Journal[J]. A framework linking intangible resources and capabilities to sustainable competitive advantage, 14:607-618.

[117]Han S. 2019. CEO political preference and corporate innovation[J]. Finance Research Letters, 28:370-375.

[118]Hart S L. 1995. A Natural-Resource-Based View of the Firm [J]. The Academy of Management Review, 20(4):986-1014.

[119]Hashi I, Stojcčić N. 2013. The impact of innovation activities on firm performance using a multi-stage model: Evidence from the Community Innovation Survey 4[J]. Research Policy, 42(2):353-366.

[120]He J J, Tian X. 2013. The dark side of analyst coverage: The case of innovation[J]. Journal of Financial Economics, 109(3):856-878.

[121]He J, Lei Y, Fu X. 2019. Do Consumer's Green Preference and the Reference Price Effect Improve Green Innovation? A Theoretical Model Using the Food Supply Chain as a Case[J]. International Journal of Environmental Research and Public Health, 16(24):5007.

[122]Hillestad T, Xie C, Haugland S A. 2010. Innovative corporate social

responsibility: the founder's role in creating a trustworthy corporate brand through "green innovation"[J]. Journal of Product & Brand Management, 19(6):440-451.

[123] Hofer C, Cantor D E, Dai J. 2012. The competitive determinants of a firm's environmental management activities: Evidence from US manufacturing industries[J]. Journal of Operations Management, 30(1-2):69-84.

[124] Hojnik J, Ruzzier M. 2016. The driving forces of process eco-innovation and its impact on performance: Insights from Slovenia [J]. Journal of Cleaner Production, 133:812-825.

[125] Holburn G L F, Bergh R G V. 2008. Making Friends in Hostile Environments: Political Strategy in Regulation Indudtries[J]. Academy of Management Review, 33(2):521-540.

[126] Horbach J, Oltra V, Belin J. 2013. Determinants and Specificities of Eco-Innovations Compared to Other Innovations-An Econometric Analysis for the French and German Industry Based on the Community Innovation Survey[J]. Industry and innovation, 20(6):523-543.

[127] Horbach J, Rammer C, Rennings K. 2012. Determinants of eco-innovations by type of environmental impact — The role of regulatory push/pull, technology push and market pull[J]. Ecological Economics, 78:112-122.

[128] Horbach J. 2008. Determinants of environmental innovation—New evidence from German panel data sources[J]. Research Policy, 37(1):163-173.

[129] Hu J, Pan X, Huang Q. 2020. Quantity or quality? The impacts of environmental regulation on firms' innovation-Quasi-natural experiment based on China's carbon emissions trading pilot[J]. Technological Forecasting and Social Change, 158: 120122.

[130] Huang J, Li Y. 2017. Green Innovation and Performance: The View of Organizational Capability and Socail Reciprocity[J]. Journal of Business Ethics, 145:309-324.

[131] Huang M, Li M, Liao Z. 2021. Do politically connected CEOs promote Chinese

listed industrial firms' green innovation? The mediating role of external governance environments[J]. Journal of Cleaner Production, 278:123634.

[132]Huang Y, Ding H, Kao M. 2009. Salient stakeholder voices: Family business and green innovation adoption[J]. Journal of Management & Organization, 15(3):309-326.

[133]Ireland R D, Hitt M A, Sirmon D G. 2003. A Model of Strategic Entrepreneurship: The Construct and its Dimensions[J]. Journal of Management, 29(6):963-989.

[134]Jabbour C J C. 2010. In the eye of the storm: exploring the introduction of environmental issues in the production function in Brazilian companies[J]. International journal of production research, 48(21):6315-6339.

[135]Jaffe A B, Palmer K. 1997. Environmental Regulation and Innovation: A Panel Data Study[J]. Review of Economics and Statistics, 79(4):610-619.

[136]Jaffe A B, Peterson S R, Portney P R. 1995. What Does the Evidence Tell Us Environmental Regulation and the Competitiveness of U. S. Manufacturing[J]. Journal of Economic Literature, 33:132-163.

[137]Jaggi B, Freedman M. 1992. An examination of the impact of pollution performance on economic and market performance: pulp and paper firms[J]. Journal of business finance & accounting, 19(5):697-713.

[138]Jiang R J, Bansal P. 2003. Seeing the Need for ISO 14001[J]. Journal of Management Studies, 40(4):1047-1067.

[139]Johnstone N, Hašč ič I, Popp D. 2010. Renewable Energy Policies and Technological Innovation: Evidence Based on Patent Counts[J]. Environmental and Resource Economics, 45(1):133-155.

[140]Kale J R, Reis E, Venkateswaran A. 2009. Rank-Order Tournaments and Incentive Alignment: The Effect on Firm Performance[J]. The Journal of finance (New York), 64(3):1479-1512.

[141]Karakaya E, Hidalgo A, Nuur C. 2014. Diffusion of eco-innovations: A review[J]. Renewable and Sustainable Energy Reviews, 33:392-399.

[142]Katz D, Kahn R L. 1978. The social psychology of organizations[M]. New York: Wiley.

[143]Kemp R, Horbach J. 2008. Measurement of competitiveness of eco-innovation [R]. Maastricht, The Netherlands: Univesity of Maastricht.

[144]Kemp R, Pearson P. 2007. Measuring eco- innovation[D]: UM-MERIT Working paper.

[145]Kesidou E, Wu L. 2020. Stringency of environmental regulation and eco-innovation: Evidence from the eleventh Five-Year Plan and green patents[J]. Economics Letters, 190:109090.

[146]Klassen R D, Whybark D C. 1999. The Impact of Environmental Technologies on Manufacturing Performance[J]. Academy of Management, 42(6):599-615.

[147]Kostova T, Roth K. 2002. Adoption of an Organizational Practice by Subsidiaries of Multinational Corporations: Institutional and Relational Effects[J]. Academy of Management Journal, 45(1):215-233.

[148]Kratzer J, Meissner D, Roud V. 2017. Open innovation and company culture: Internal openness makes the difference[J]. Technological Forecasting and Social Change, 119:128-138.

[149]Kraus S, Rehman S U, García F J S. 2020. Corporate social responsibility and environmental performance: The mediating role of environmental strategy and green innovation[J]. Technological Forecasting and Social Change, 160:120262.

[150]Kunapatarawong R, Martínez-Ros E. 2016. Towards green growth: How does green innovation affect employment? [J]. Research Policy, 45(6):1218-1232.

[151]L Etang J. 1995. Ethical Corporate Social Responsibility: A framework for managers[J]. Journal of Business Ethics, 14:125-132.

[152]Laari S, Töyli J, Ojala L. 2017. Supply chain perspective on competitive strategies and green supply chain management strategies[J]. Journal of Cleaner Production, 141:1303-1315.

[153]Lambertini L, Poyago-Theotoky J, Tampieri A. 2017. Cournot competition and "green" innovation: An inverted-U relationship[J]. Energy Economics, 68:116-

123.

[154]Lanjouw J O, Mody A. 1996. Innovation and the international diffusion of environmentally responsive technology[J]. Research Policy, 25:549-571.

[155]Lannelongue G, Gonzúlez-Benito J. 2012. Opportunism and environmental management systems: Certification as a smokescreen for stakeholders [J]. Ecological Economics, 82:11-22.

[156]Lannelongue G, Gonzalez-Benito O, Gonzalez-Benito J. 2014. Environmental Motivations: The Pathway to Complete Environmental Management[J]. Journal of business ethics, 124(1):135-147.

[157]Latupeirissa G, Adhariani D. 2020. External and internal economic impacts of eco-innovation and the role of political connections: A sustainability narrative from an emerging market[J]. Journal of Cleaner Production, 258:120579.

[158]Lawrence A T, Morell D. 1995. Leading-edge environmental management: motivation, opportunity, resources and processes[A]. In: Collins D, Starik M. Research in Corporate Social Performance and Policy[M]. Greenwich, CT: JAI Press Inc. :99-126.

[159]Leuz C, Oberholzer-Gee F. 2006. Political relationships, global financing, and corporate transparency: Evidence from Indonesia [J]. Journal of Financial Economics, 81(2):411-439.

[160]Li G, Wang X, Su S, et al. 2019. How green technological innovation ability influences enterprise competitiveness[J]. Technology in Society, 59:101136.

[161]Li H, Zhou L. 2005. Political turnover and economic performance: the incentive role of personnel control in China[J]. Journal of Public Economics, 89:1743-1762.

[162]Li X, Luo J, Chan K C. 2018. Political uncertainty and the cost of equity capital[J]. Finance Research Letters, 26:215-222.

[163]Li Y. 2014. Environmental innovation practices and performance: moderating effect of resource commitment[J]. Journal of Cleaner Production, 66:450-458.

[164]Liao Y, Tsai K. 2019. Innovation intensity, creativity enhancement, and eco-

innovation strategy: The roles of customer demand and environmental regulation [J]. Business Strategy and the Environment, 28(2):316-326.

[165] Liao Z. 2018. Environmental policy instruments, environmental innovation and the reputation of enterprises[J]. Journal of Cleaner Production, 171:1111-1117.

[166] Lin C, Ho Y. 2008. An Empirical Study on Logistics Service Providers' Intention to Adopt Green Innovations[J]. Journal of technology management & innovation, 3(1):17-26.

[167] Lin H, Zeng S X, Ma H Y, et al. 2014. Can political capital drive corporate green innovation? Lessons from China[J]. Journal of Cleaner Production, 64:63-72.

[168] Lin R, Tan K, Geng Y. 2013. Market demand, green product innovation, and firm performance: evidence from Vietnam motorcycle industry [J]. Journal of Cleaner Production, 40:101-107.

[169] Lin Y, Tseng M, Chen C, et al. 2011. Positioning strategic competitiveness of green business innovation capabilities using hybrid method[J]. Expert Systems with Applications, 38(3):1839-1849.

[170] López-Gamero M D, Molina-Azorín J F, Claver-Cortés E. 2009. The whole relationship between environmental variables and firm performance: Competitive advantage and firm resources as mediator variables[J]. Journal of Environmental Management, 90(10):3110-3121.

[171] Lourenço I C, Branco M C, Curto J D, et al. 2012. How Does the Market Value Corporate Sustainability Performance? [J]. Journal of Business Ethics, 108: 417-428.

[172] Lynes J K, Andrachuk M. 2008. Motivations for corporate social and environmental responsibility: A case study of Scandinavian Airlines[J]. Journal of International Management, 14(4):377-390.

[173] Massey J E. 2001. Managing Organizational Legitimacy: Communication Strategies for Organizations in Crisis[J]. Journal of Business Communication, 38 (2):153-183.

[174]Mazurkiewicz P. 2004. Corporate environmental responsibility : Is a common CSR framework possible? [D]: A Discussion Paper, DevComm, World Bank.

[175]Melnyk S A, Sroufe R P, Calantone R. 2003. Assessing the impact of environmental management systems on corporate and environmental performance [J]. Journal of Operations Management, 21(3):329-351.

[176]Meyer J W, Rowan B. 1977. Institutionalized Organizations: Formal Structure as Myth and Ceremony[J]. The American Journal of Sociology, 83(2):340-363.

[177] Meyer J W, Scott R W. 1983. Organizational Environments: Ritual and Rationality[M]. London: Sage.

[178] Miller D, Friesen P H. 1983. Strategy-Making and Environment: The Third Link [J]. Strategic Management Journal, 4(3):221-235.

[179]Montiel I, Husted B W, Christmann P. 2012. Using private management standard certification to reduce information asymmetries in corrupt environments [J]. Strategic Management Journal, 33(9):1103-1113.

[180]Montiel I. 2008. Corporate Social Responsibility and Corporate Sustainability[J]. Organization & Environment, 21(3):245-269.

[181] Nesta L, Vona F, Nicolli F. 2014. Environmental policies, competition and innovation in renewable energy [J]. Journal of Environmental Economics and Management, 67(3):396-411.

[182]Norberg-Bohm V. 1999. Stimulating 'Green' Technological Innovation: An Analysis of Alternative Policy Mechanisms[J]. Policy sciences, 32(1):13-38.

[183]OECD. 1996. Globalisation and Competitiveness: Relevant Indicators[R].

[184] OECD. 1997. Oslo manual: proposed guidelines for collecting and interpreting technological innovation data[M]. 3 ed. Paris, France: OECD and Eurostat: 122.

[185]OECD. 2009. Eco-Innovation in Industry: Enabling Green Growth[R].

[186]Oliver C. 1997. Sustainable competitive advantage: combining institutional and resource-based views[J]. Strategic Management Journal, 18(9):697-713.

[187]Oltra V, Saint Jean M. 2009. Sectoral systems of environmental innovation: An

application to the French automotive industry[J]. Technological forecasting & social change, 76(4):567-583.

[188]Ouyang X, Li Q, Du K. 2020. How does environmental regulation promote technological innovations in the industrial sector? Evidence from Chinese provincial panel data[J]. Energy Policy, 139:111310.

[189]Padilla-Lozano C P, Collazzo P. 2021. Corporate social responsibility, green innovation and competitiveness-causality in manufacturing[J]. Competitiveness Review: An International Business Journal, 32(7):21-39.

[190]Palmer C, McShane K, Sandler R. 2014. Environmental Ethics[J]. Annual Review of Environment and Resources, 39:419-442.

[191]Palmer K, Oates W E, Portney P R. 1995. Tightening Environmental Standards: The Benefit-Cost or the No-Cost Paradigm [J]. Journal of Economic Perspectives, 9(4):119-132.

[192]Pan X, Chen X, Guo H, et al. 2020. One size doesn't fit all: How institutional complexity within the state shapes firms' environmental innovation[J]. Business Ethics: A European Review, 29(3):438-450.

[193]Papagiannakis G, Voudouris I, Lioukas S. 2014. The Road to Sustainability: Exploring the Process of Corporate Environmental Strategy Over Time [J]. Business Strategy and the Environment, 23(4):254-271.

[194]Parson T. 1960. Structure and process in modem societies[M]. New York: Free Press: 344.

[195]Pfeffer J, Salancik G R. 1978. The External Control of Organizations: A Resource Dependence Perspective [M]. New York: Harper & Row, Publishers, Inc. .

[196]Pfeffer J. 1981. Power in organizations[M]. Marshfield, MA: Pitman.

[197]Porter M E, Kramer M R. 2006. Strategy and society: The Link Between Competitive Advantage and Corporate Social Responsibility[J]. Harvard Business Review:80-92.

[198]Porter M E, van der Linde C. 1995. Toward a New Conception of the

Environment-Competitiveness Relationship [J]. Journal of Economic Perspectives, 9(4):97-118.

[199] Porter M E. 1980. Competitive advantage: Techniques for analyzing industries and competitors[M]. New York: The Free Press.

[200] Porter M E. 1990. The Competitive Advantage of Nations[J]. Harvard Business Review:73-91.

[201] Prahalad C K, Hamel G. 1990. The Core Competence of the Corporation[J]. Harvard Business Review, 68(3):275-292.

[202] Prajogo D, Tang A K Y, Lai K. 2012. Do firms get what they want from ISO 14001 adoption?: an Australian perspective[J]. Journal of Cleaner Production, 33:117-126.

[203] Przychodzen J, Przychodzen W. 2015. Relationships between eco-innovation and financial performance-evidence from publicly traded companies in Poland and Hungary[J]. Journal of Cleaner Production, 90:253-263.

[204] Qi G Y, Shen L Y, Zeng S X, et al. 2010. The drivers for contractors' green innovation An industry perspective[J]. Journal of Cleaner Production, 18:1358-1365.

[205] Qi G, Jia Y, Zou H. 2021. Is institutional pressure the mother of green innovation? Examining the moderating effect of absorptive capacity[J]. Journal of Cleaner Production, 278:123957.

[206] Qi G, Zou H, Xie X. 2020. Governmental inspection and green innovation: Examining the role of environmental capability and institutional development[J]. Corporate Social Responsibility and Environmental Management, 27(4):1774-1785.

[207] Qiu L, Hu D, Wang Y. 2020. How do firms achieve sustainability through green innovation under external pressures of environmental regulation and market turbulence? [J]. Business Strategy and the Environment, 29(6):2695-2714.

[208] Reid E M, Toffel M W. 2009. Responding to public and private politics: corporate disclosure of climate change strategies [J]. Strategic Management

Journal, 30(11):1157-1178.

[209] Reinhardt F L, Stavins R N, Vietor R H K. 2008. Corporate Social Responsibility Through an Economic Lens[J]. Review of Environmental Economics and Policy, 2(2):219-239.

[210] Rennings K, Ziegler A, Zwick T. 2004. The effect of environmental innovations on employment changes: an econometric analysis[J]. Business Strategy and the Environment, 13(6):374-387.

[211] Rennings K. 2000. Redefining innovation — eco-innovation research and the contribution from ecological economics[J]. Ecological economics, 32(2):319-332.

[212] Robbins S P. 1991. Social Responsibility and Managerial Ethics[A]. In: Coulter M. Management[M]. New Jersey: Prentice Hall, Inc. .

[213] Rodríguez González R M, Maldonado Guzman G, Madrid Guijarro A. 2022. The effect of green strategies and eco-innovation on Mexican automotive industry sustainable and financial performance: Sustainable supply chains as a mediating variable[J]. Corporate Social Responsibility and Environmental Management.

[214] Ruekert R W, Walker O C, Roering K J. 1985. The Organization of Marketing Activities: A Contingency Theory of Structure and Performance[J]. Journal of Marketing, 49(1):13-25.

[215] Rui Z, Lu Y. 2020. Stakeholder pressure, corporate environmental ethics and green innovation[J]. Asian journal of technology innovation, 29(1):70-86.

[216] Russo M V, Fouts P A. 1997. A resource-based perspective on corporate environmental performance and profitability [J]. Academy of Management Journal, 40(3):534-559.

[217] Salim N, Ab Rahman M N, Abd Wahab D. 2019. A systematic literature review of internal capabilities for enhancing eco-innovation performance of manufacturing firms[J]. Journal of Cleaner Production, 209:1445-1460.

[218] Schaefer A. 2007. Contrasting Institutional and Performance Accounts of Environmental Management Systems: Three Case Studies in the UK Water &

Sewerage Industry[J]. Journal of Management Studies, 44(4):506-535.

[219]Schaltegger S, Hörisch J, Freeman R E. 2017. Business Cases for Sustainability: A Stakeholder Theory Perspective[J]. Organization & Environment, 32(3):191-212.

[220]Schiederig T, Tietze F, Herstatt C. 2012. Green innovation in technology and innovation management-an exploratory literature review[J]. R&D Management, 42(2):180-192.

[221]Schumpeter J A. 1942. Capitalism, Socialism and Democracy[M]. New York: George Allen &Unwin.

[222]Scott W R. 1995. Institutions and Organizations: Ideas, Interests, and Identities [M]. 4 ed. Los Angeles: SAGE.

[223]Sharma S. 2000. Managerial Interpretations and Organizational Context as Predictors of Corporate Choice of Environmental Strategy [J]. Academy of Management Journal, 43(4):681-697.

[224]Shrivastava P. 1995. The Role of Corporations in Achieving Ecological Sustainability[J]. Academy of Management Review, 20(4):936-960.

[225]Shu C, Zhao M, Liu J, et al. 2020. Why firms go green and how green impacts financial and innovation performance differently: An awareness-motivation-capability perspective[J]. Asia Pacific Journal of Management, 37(3):795-821.

[226]Shu C, Zhou K Z, Xiao Y, et al. 2016. How Green Management Influences Product Innovation in China: The Role of Institutional Benefits[J]. Journal of Business Ethics, 133(3):471-485.

[227]Simpson M, Taylor N, Barker K. 2004. Environmental responsibility in SMEs: does it deliver competitive advantage? [J]. Business Strategy and the Environment, 13(3):156-171.

[228]Singh S K, Giudice M D, Chierici R, et al. 2020. Green innovation and environmental performance: The role of green transformational leadership and green human resource management [J]. Technological Forecasting and Social Change, 150:119762.

[229]Soewarno N, Tjahjadi B, Fithrianti F. 2019. Green innovation strategy and green innovation[J]. Management Decision, 57(11):3061-3078.

[230]Soltmann C, Stucki T, Woerter M. 2015. The Impact of Environmentally Friendly Innovations on Value Added[J]. Environmental and Resource Economics, 62(3):457-479.

[231]Song M, Fisher R, Kwoh Y. 2019. Technological challenges of green innovation and sustainable resource management with large scale data[J]. Technological Forecasting and Social Change, 144:361-368.

[232]Song W, Yu H. 2018. Green Innovation Strategy and Green Innovation: The Roles of Green Creativity and Green Organizational Identity[J]. Corporate Social Responsibility and Environmental Management, 25(2):135-150.

[233]Spence M A. 1973. Job market signaling[J]. The Quarterly Journal of Economics, 87(3):355-374.

[234]Stalk G. 1992. Time-based competition and beyond: Competing on capabilities[J]. Planning review, 20(5):27-29.

[235]Su Z, Xiao Z, Yu L. 2019. Do political connections enhance or impede corporate innovation? [J]. International Review of Economics & Finance, 63:94-110.

[236]Suchman M C. 1995. Managing Legitimacy: Strategic Management and Institutional Approaches[J]. Academy of Management Review, 20(3):571-610.

[237]Takalo S K, Tooranloo H S, Parizi Z S. 2021. Green innovation: A systematic literature review[J]. Journal of Cleaner Production, 279:122-474.

[238]Tang K, Qiu Y, Zhou D. 2020. Does command-and-control regulation promote green innovation performance? Evidence from China's industrial enterprises[J]. Science of The Total Environment, 712:136362.

[239]Tang M, Walsh G, Lerner D, et al. 2018. Green Innovation, Managerial Concern and Firm Performance: An Empirical Study[J]. Business Strategy and the Environment, 27(1):39-51.

[240]Teece D J. 2007. Explicating dynamic capabilities: the nature and microfoundations of (sustainable) enterprise performance[J]. Strategic Management

Journal, 28(13):1319-1350.

[241] Tornikoski E T, Newbert S L. 2007. Exploring the determinants of organizational emergence: A legitimacy perspective[J]. Journal of Business Venturing, 22(2): 311-335.

[242] Truong Y, Mazloomi H, Berrone P. 2021. Understanding the impact of symbolic and substantive environmental actions on organizational reputation[J]. Industrial Marketing Management, 92:307-320.

[243] Tsai L L, Xu Y. 2018. Outspoken Insiders: Political Connections and Citizen Participation in Authoritarian China[J]. Political Behavior, 40(3):629-657.

[244] Tsai L, Zhang R, Zhao C. 2019. Political connections, network centrality and firm innovation[J]. Finance research letters, 28:180-184.

[245] Tseng M, Wang R, Chiu A S F, et al. 2013. Improving performance of green innovation practices under uncertainty[J]. Journal of Cleaner Production, 40:71-82.

[246] Verghese K, Lewis H. 2007. Environmental innovation in industrial packaging: a supply chain approach[J]. International journal of production research, 45(18-19):4381-4401.

[247] Vidaver-Cohen D, Brønn P S. 2015. Reputation, Responsibility, and Stakeholder Support in Scandinavian Firms: A Comparative Analysis[J]. Journal of Business Ethics, 127(1):49-64.

[248] Walley N, Whitehead B. 1994. It's Not Easy Being Green[J]. Harvard Business Review, 72(3):46-52.

[249] Walsh P R, Singh R, Malinsky M. 2021. Sustainability Reporting and Strategic Legitimacy: The Influence of Operating in Emerging Economies of the Level of GRI Reporting in Canada's Largest Companies[J]. Corporate Governance and Sustainability Review, 5(1):39-53.

[250] Wang C H. 2019. How organizational green culture influences green performance and competitive advantage: The mediating role of green innovation[J]. Journal of Manufacturing Technology Management, 30(4):666-683.

[251] Wang J, Xue Y, Yang J. 2020. Boundary-spanning search and firms' green innovation: The moderating role of resource orchestration capability[J]. Business Strategy and the Environment, 29(2):361-374.

[252] Weber M. 1978. Economy and Society: An Outline of Interpretive Sociology[M]. California: University of California Press: 1469.

[253] Weiss A M, Anderson E, MacInnis D J. 1999. Reputation Management as a Motivation for Sales Structure Decisions [J]. Journal of Marketing, 63(4):74-89.

[254] Welford R. 1998. Corporate strategy, competitiveness and the environment. In R. Welford (Ed.), Corporate environmental management: Systems and strategies [M]. London: Earthscan Publications.

[255] Weng H, Chen J, Chen P. 2015. Effects of Green Innovation on Environmental and Corporate Performance: A Stakeholder Perspective[J]. Sustainability, 7(5):4997-5026.

[256] Williamson D, Lynch-Wood G, Ramsay J. 2006. Drivers of Environmental Behaviour in Manufacturing SMEs and the Implications for CSR[J]. Journal of Business Ethics, 67(3):317-330.

[257] Wong C W Y, Lai K, Shang K, et al. 2012. Green operations and the moderating role of environmental management capability of suppliers on manufacturing firm performance[J]. International Journal of Production Economics, 140(1):283-294.

[258] Wong S K S. 2012. Environmental Requirements, Knowledge Sharing and Green Innovation: Empirical Evidence from the Electronics Industry in China[J]. Business Strategy and the Environment, 22(5):321-338.

[259] Wood D J. 1991. Corporate Social Performance Revisited[J]. Academy of Management Review, 16(4):691-718.

[260] Wu W, Liu Y, Wu C, et al. 2020. An empirical study on government direct environmental regulation and heterogeneous innovation investment[J]. Journal of Cleaner Production, 254:120079.

[261]Xie X, Huo J, Zou H. 2019a. Green process innovation, green product innovation, and corporate financial performance: A content analysis method[J]. Journal of Business Research, 101:697-706.

[262]Xie X, Zhu Q, Wang R. 2019b. Turning green subsidies into sustainability: How green process innovation improves firms' green image[J]. Business Strategy and the Environment, 28(7):1416-1433.

[263]Xu X, Zeng S, Chen H. 2018. Signaling good by doing good: How does environmental corporate social responsibility affect international expansion? [J]. Business Strategy and the Environment, 27(7):946-959.

[264]Young W, Hwang K, McDonald S, et al. 2010. Sustainable consumption: green consumer behaviour when purchasing products[J]. Sustainable Development, 18:20-31.

[265]Yu Y, Peng C, Li Y. 2019. Do neighboring prefectures matter in promoting eco-efficiency? Empirical evidence from China[J]. Technological Forecasting and Social Change, 144:456-465.

[266]Zhang F, Zhu L. 2019. Enhancing corporate sustainable development: Stakeholder pressures, organizational learning, and green innovation [J]. Business Strategy and the Environment, 28(6):1012-1026.

[267]Zhang J, Li X, Fung H, et al. 2019. Do Political Connections Promote Innovation in Environmentally Polluting Enterprises [J]. China & World Economy, 27(3):76-101.

[268]Zhang Y, Xing C, Wang Y. 2020. Does green innovation mitigate financing constraints? Evidence from China's private enterprises[J]. Journal of Cleaner Production, 264:121698.

[269]Zhu Q, Geng Y. 2013. Drivers and barriers of extended supply chain practices for energy saving and emission reduction among Chinese manufacturers[J]. Journal of Cleaner Production, 40:6-12.

[270]Zhu Q, Sarkis J. 2007. The moderating effects of institutional pressures on emergent green supply chain practices and performance[J]. International Journal

of Production, 45:4333-4355.

[271]Zhu Y, Sun L, Leung A S M. 2014. Corporate social responsibility, firm reputation, and firm performance: The role of ethical leadership[J]. Asia Pacific Journal of Management, 31(4):925-947.

[272]Ziegler A, Schröder M, Rennings K. 2008. The Effect of Environmental and Social Performance on the Stock Performance of European Corporations[J]. Environmental and Resource Economics, 40(4):609.

[273]Zimmerman M, Zeitz G. 2002. Beyond survial: Achieving New Venture Growth by Building Legitimacy[J]. Academy of Management Review, 27(3):414-431.

[274]Zutshi A, Sohal A. 2004. A study of the environmental management system (EMS) adoption process within Australasian organisations—2. Role of stakeholders[J]. Technovation, 24(5):371-386.